U0959955

LIFELONG LEARNING

—Professional Development of an English Teacher

孔晓君
著

终身学习

——英语教师成长之路

天津大学出版社
TIANJIN UNIVERSITY PRESS

图书在版编目(CIP)数据

终身学习：英语教师成长之路 / 孔晓君著. -- 天津：天津大学出版社, 2023.8
ISBN 978-7-5618-7554-4

Ⅰ. ①终… Ⅱ. ①孔… Ⅲ. ①英语－师资培训－研究－中国 Ⅳ. ①H319.3

中国国家版本馆CIP数据核字(2023)第135350号

出版发行　天津大学出版社
地　　址　天津市卫津路92号天津大学内（邮编:300072）
电　　话　发行部:022-27403647
网　　址　www.tjupress.com.cn
印　　刷　北京盛通印刷股份有限公司
经　　销　全国各地新华书店
开　　本　787mm×1092mm　1/16
印　　张　10.75
字　　数　199千
版　　次　2023年8月第1版
印　　次　2023年8月第1次
定　　价　59.00元

目　录

在教雅思之前，我是个什么样的学生

从我的故事里，你也许能看见自己的影子：

那时候的我，很“努力”但是因为某一门科目成绩“一般”，始终无法成为最优秀的学生。

跳出那个“一般”，需要勇气、方法和不断反思。

我在学生时代，除了英语之外，别的科目成绩都还不错。高二会考，我的英语成绩是 C（A 为优秀，B 为良好，C 为合格）。在我就读的这所出过天津市状元的重点高中，C 已经是最低的成绩。

高考的时候，我的英语考了 108 分（满分 150），尽管不太理想，但因为其他科目分数都不错，我还是以天津市文科第 119 名的成绩考入了南开大学。进入大学以后，我依然没有找到适合自己的英语学习方法，虽然 GPA（General Point Average，平均学分绩点）很好，但英语成绩却一直拖后腿。比如，大学英语四级考了 63.5 分（当时的四级考试还是百分制）。可是其他的科目：线性代数成绩，95 分；旅游市场营销学，96 分。

我第一次参加雅思（IELTS）A 类（*Academic* 学术类）考试是在本科毕业的前几天，没有任何准备，也就是俗称的裸考，我考了总分 5.5（听力 5.0 分，阅读 6.5 分，写作 5.0 分，口语 5.0 分，总分与各单项满分均为 9 分）。这时候的我，已经正式学习英语超过 10 年了，5.5 这个成绩离我想申请的海外研究生项目的要求相差很远（我想申请的杜伦大学的研究生院要求雅思总分 7.0）。

不过现在，我有点庆幸那些年英语给我拖过的后腿。如果从小英语成绩就很好，我可能找不到那些影响英语学习成效的因素，也感受不到努力提高成绩的成就感。但是从英语“一般”的学生成长为雅思培训师再到能做语言学习领域学术工作的研究者，我的经验应该能为很多在英语学习过程中遇到困难的人提供参考。如果你好奇我逆袭到什么程度，可以直接翻到最后一章“现在的我，英语怎么样”，然后再决定是否有需要，或者依然有兴趣读完这本书。

如果你看完我逆袭的故事还愿意翻回来继续听我分享，那我就详细讲讲学生时期我学习英语的感受。英语拖我后腿这件事我是真的很习惯了，从小学开始，每次升学考试，我的英语成绩总是最低的。升学考试都是看总分，似乎英语这一门科目的成绩不好也没给我造成什么实质性的负面影响。

在一路顺利考进了理想的初中、高中和大学之后，我越来越能接受自己英语不好的事实，毕竟绝大多数人都有自己不擅长的领域或者学科。然而，我又不甘心放弃英语。所以除了按时完成老师布置的作业之外，每次考试之前我也都会认真准备（除了雅思裸考那次）。我在每个科目上努力的时间其实是差不多的，而且对于成绩较差的科目，我还会额外拿出一些时间来复习。所以，我一直觉得在英语科目上付出的努力没换来应有的成绩。

我在学习其他科目的时候，总是会自然地在脑中建立起一个属于这个学科的体系，这个体系是由一系列知识点构成的，新学的知识会不断地进入这个体系并且和之前学的知识构成联系，形成新的系统。最让我难以接受的是，从小学到大学一共学了十几年英语，知识点一直都是分散的，始终建立不起来这种体系，而且随着不断学习，我觉得英语越来越难。

有两个和语言学习有关的事实让我对自己英语不好这件事存有疑虑。第一，我的语文很好。不仅语文成绩好，而且我的理解力、表达力和学习习惯也都不错，说话和写作的条理性比较强。我的高中语文李老师对我的语文素养很欣赏，她也是第一个鼓励我写这本书的人。正因为如此，我有点想不通：虽然汉语和英语在文法及思维方式上都存在很大差异，但是学习不同语言的方法还是有共通之处的。语言学家乔姆斯基教授（Noam Chomsky）的普遍语法理论（*Universal Grammar Theory*）和康明斯教授（Jim Cummins）提出的共有基底语言能力（*Common Underlying Proficiency* [1989]）的概念都能佐证这一点。所以我一直觉得语文好的人英语也应该不差。第二，我觉得我有语言天赋，说话早且擅模仿。我是“哏儿都”人，从小听广播和磁带里的相声长大，曾经十分向往成为一名相声演员。在 2005 或者 2006 年的时候第一次在电视里看到了郭德纲老师和于谦老师的相声，之后便成为“德云社”的粉丝。虽然我想成为相声演员的愿望并没有实现，但我喜欢模仿不同地区的方言，绕口令也说得很溜。而且据我妈说，我不到一岁就能很流利地使用完整的句子和大人交流，所以我自认为我还是挺有语言天赋的。不过英语成绩一直不好这个事实打击了我学习语言的积极性，因为没有信心，所以我也没有学习其他外语，并且开始质疑自己评价语言天赋的标准。

更让我难过的是，我明明很努力，但是却看不到进步。初中的时候我的英语成绩可以达到 80%，高中 70% 多一点，大学 60% 多，可以说是持续平稳退步。而且学习这件事是越学不好，越会失去信心和动力。

有我这种苦恼的，不仅仅是我自己。我初三的同桌和我一样都是英语不好，没少被英语老师批评，所以一到英语课我俩就愁眉苦脸，但是一到数学课我俩就神采飞扬。后来我进入语言培训行业开始教雅思和托福（TOEFL），我这个同桌几乎见我一次就要感叹一次“咱们初中英语老师如果知道你竟然教英语了，得惊讶成啥样。”我这个同桌大学的时候读的会计，在那个大部分高校要求学生通过大英四级就可以拿到学士学位的年代，她的专业要求通过大英六级。而且毕业之后，她在国外生活了很多年，英语可能比我逆袭得还早。只能说，“出来混，迟早要还”。

回看学习英语的经历，总结出两点在我自己看来很重要的启发。其一是学好英语并不需要多么高的语言天赋，有当然好，但是没有语言天赋的人其实也具备把英语学好的能力，很多英语成绩暂时不好的学生很可能是因为还没有找到适合自己的学习方法，所以潜力还没有发挥出来；其二就是学生和英语学习之间需要建立一种积极的联系，至少要学会克服畏难情绪，不能一提英语就觉得没有希望、没有兴趣，或者产生“努力也没有用”的念头。我在教学生英语的时候，非常重视这两点：一是帮学生找到适合他们的学习方法，二是帮他们消除和英语学习有关的负面情绪。

我第一次明确地感受到英语成为我前进道路上的绊脚石是在我准备出国读研究生的时候，因为申请国外的大学需要提交语言成绩，而语言成绩是没办法用其他科目的成绩来平均的。也就是说，不管我的 GPA 高出学校的要求多少，我也还是需要提交一份合格的雅思成绩单。雅思 5.5 分的我也根本不可能被英国大学研究生院直接录取。所以如果我坚持要去杜伦的话，就必须在短时间内快速提高雅思成绩。

我第一次的雅思成绩除了阅读分数还算说得过去之外，听力、写作和口语都离目标分数差得太远。

在接触雅思之前，我没有太多练习听力和口语的机会，尤其是口语，可以说除了背课文之外，我就没正儿八经说过英语，更别提面对一个英语为母语的考官了。第一次考口语的细节我也记不清了，反正当时脑子很懵，听完考官提问之后我就赶紧把能想到的词都说出了来，根本无暇顾及词汇语法使用的准确性，更别提回答问题的逻辑了。而且我在说英语的时候经常停顿，因为没说两句就词穷了。

雅思听力也和大学英语考试的听力有很大区别，大学英语听力以选择题为主，但是雅思听力（共 40 题）考查至少 20 道填空性质的主观题，另外还有多选题、配对题、地图题这些我之前根本没见过的题型，所以考场上完全没有做题思路。除了不熟悉题目类型，我对听力原文的理解也很有限，很多地方都属于能听懂一些词但是连起来不知道什么意思，只能瞎猜。

尽管学校的英语考试也一定会考查阅读，但是雅思阅读文章的篇幅明显比学校里的英语考试的阅读篇幅长一些，每篇文章的题目数量也比学校的英语考试的量大一些，每篇文章里出现不认识的单词比例也相应更大一些。而且阅读里也有一些我之前没见过的题型，比如判断题，需要考生将题目给出的陈述或观点和原文相对比，判断是“true”（对）、“false”（错）、“not given”（未提及），或者“yes”（是）、“no”（不是）、“no informationv”（无信息）。再比如“小标题”题（list of headings），这类题目会出现在需要阅读的文章前面，考生会先看到一系列备选的小标题，阅读文章之后需要给每一段或者每个“section”（每个“section”可能包含不止一段）匹配一个最适合的选项。我当时做这类题的感受有两个极端，要不就是觉得出题人给的这些小标题跟原文哪段都匹配不上，跟我读完段落后自己总结出的小标题完全不是一回事；要不就是感觉好几个小标题都能作为某一段的答案，确定不了选哪一个更贴切。

雅思写作的大作文的形式其实和大学英语的作文考试形式很接近，是一些社会性话题的讨论，虽然我上大学的时候英语作文写得也不好，但起码我对考试形式和话题不陌生，编也能编出一些内容。小作文图表描述我之前没写过，就是一些折线图、柱状图、饼图等，有时候还考地图和流程图。虽然图表内容都很简单易懂，但是我的词汇量属于上升只能想起来“increase”和“rise”，下降只能想起来“decrease”和“drop”，比较只能想起来“higher”和“lower”的那种。

因为雅思和校内英语考试有明显的区别，所以考前准备是很重要的，即使是英语基础还不错的考生，也需要在考前熟悉雅思的题型和高频话题，才能在考试中获得满意的成绩，所以第一次考 5.5 分我认为确实也有裸考的原因。但是对于基础不好的考生，除了要熟悉考试的形式之外，更重要的是补充基础的词汇和语法知识。很多学生问过我，只学做题方法，不背单词行不行，不学语法行不行。也许做题方法能起到一定的提分作用，但是很有限。我的学生们都在学习做题方法的过程中逐渐意识到了基础知识的重要性，因为没掌握方法的时候不知道答案在哪，或者因为不认识某个词，不知道某个词的同义转换，不能正确拼写某个词，最终还是无法拿到这道题的分数。

英语学了十几年，为什么成绩一直不理想

为了去杜伦，我必须积极准备雅思，于是我无法再对英语成绩不理想这件事习以为常。我开始不断反思之前学英语的时候可能存在的问题并且积极寻求解决的办法。那时候的学习和反思应该能算逆袭的前奏，因为虽然我意识到了一些问题，但是改善的行动有限，所以成绩有提升但不是非常明显。在第一次留学的过程中，我的英语水平开始缓慢提升。那时候我觉得自己对于英语的学习有点开窍了，至少觉得雅思其实并不难；但是在真正使用英语的时候，尤其是参加学术类活动时，还是经常力不从心。

再次留学的时候我选择了学习语言教育相关专业并开始尝试用理论分析我学习英语过程中出现问题的原因。我在多伦多大学教育学院读研究生期间，曾经写过一篇纵向比较三本公立初级中学英语教材教学法的论文作为“第二语言教学法”（*Second Language Teaching Methodologies*）这门课的学期论文（term paper）。我的分析是基于库玛教授（B. Kumaravadivelu）2006 年出版的 *Understanding Language Teaching* 这本书里关于语言教学法理论进行的。我选取了三本教材。第一本教材的设计依据是“文法翻译法”（Grammar-Translation Method），第二本教材的设计依据是“听说教学法”（Audiolingual Method），第三本教材的设计依据是“沟通式教学法”（Communicative Language Teaching，CLT）。

我重点说一下“听说教学法”，这是我学生时期教材设计依据的教学法。听说教学法属于一种以语言为中心（language-centered）的教学法。从理论依据来看，“听说教学法”的语

言学理论依据是结构主义语言学（Structural Linguistics），这一派学者认为语言系统是由一系列子系统构成的，包括音素（phonemes）、词素（morphemes）和句子（sentences）等，而每一个子系统都有其内在结构。

听说教学法的语言学习理论依据是行为心理学（Behavioral Psychology），主张行为主义的语言教育者认为学习是一个“刺激—回应—强化”（stimulus—response—reinforcement, Kumaravadivelu, 2006，p. 100）的过程。这一派学者认为学习语言和学习任何其他学科都是相似的，其本质就是通过反复练习和使用来持续积累知识，学习语言的过程就是在培养一种习惯。

比如有这样一个练习板块，提问的例句是“What are you going to do *this evening*?”教材里给了“this evening”的替换词：“this afternoon, tomorrow, on Saturday night, on Sunday morning”等；回答的例句是“I’m going to *do my homework*.”书里也给了“do my homework”的替换词：“do some shopping”，“meet my friends”，“wash my hair”，“wash my clothes”等。我们上课时的练习方式基本就是老师选出两位同学，最有可能是坐同桌的两位同学，一人负责提问另一人回答。然后坐在他们后面的同学再使用替换词中的另一组进行一问一答。

反复练习（Drill）是听说教学法的特色，旨在通过重复性练习让学生熟悉特定的语法结构，通过反复练习达到让学生克服母语思维的习惯（Larsen-Freeman & Anderson, 2013）。先不说这种方法能不能在当时的教学环境下达到帮助学生克服母语思维的目的，单从学习语法的角度来说，作为学生的我其实并不是非常在乎替代练习里给出多少组可用的词，我更关心的是“be going to do”和“will do”都表示将来要做某件事情，它们有区别吗？可以互换使用吗？我想说“I’ll…”的任何情况下都可以换成“I’m going to…”吗？什么情况下可以互换，什么情况下不可以呢？为什么有的时候“现在进行时”里有“现在”这个词，但是也可以用来表示将来呢？这才是我在学习的时候萌生的最直接的疑问。

“听说教学法”的每一项课堂活动的背后都有其原则和教学目标，比如老师要求学生反复练习同一段对话，其背后的原则就是行为学的习惯养成。“听说教学法”的总体教学目标是让学生形成目标语言的使用习惯，然后就可以在不用思考的情况下使用目标语言。

“听说教学法”这个名字让人感觉这种教学法教出的学生都更擅长听和说，但实际情况却不尽然。以我自己为例，我的听和说的能力还不如读和写。我在使用这套教材做练习的时候并不是在真正地听和说，而是在读教材上的句子。所谓的练习对话也不是真的在对话，我甚至不需要听到和我对话的人说了什么，我也不需要通过思考对他说的话做出反应，我只要确定他已经说完了，然后把我该读的那句话读出来就算是完成了任务。哪怕和我练习对话的同学说的是我完全听不懂的其他语种，只要他停下，我接着读就准没错。

所以，虽然是“听说教学法”，但是依据我作为学生的经验，教学法的既定目标并没有达成，这其实是很常见的。教学法或者课程设计在执行之后未必能达到预想的效果，这就是为什么老师要在教学活动中不断观察和分析学生的学习情况并做出相应调整，为学生搭建出一条通往预期教学目标的路径。

教材的理论基础并不是课堂实践的决定性因素，而老师和学生如何使用教材才是课程活动是否成功的关键。老师可以利用教材内容给学生创造在课堂中互动的机会，也可以利用教材帮助学生将课堂学习延伸到课外。但是在我的英语学习经历中，老师是课堂活动的核心和知识的传授者，学生们的角色比较被动，是知识的接受者。

“听说教学法”的设计者希望学生在反复进行替换练习的过程中自然掌握相应的语法结构。但是我的英语老师还是讲了很多语法知识，在这方面我感觉老师使用的教学法更像是“听说教学法”和“文法翻译法”的结合。另外，老师在课上对知识点的讲解基本都使用中文，学生也基本都是用中文记笔记，学习过程中不可避免地不断将中文和英语互翻。这种教法或者学法让我养成了一个特别不好的习惯：我在记英文单词的时候，都是先记字母组合，然后记对应的中文翻译，忽略了非常重要的一点——单词的发音。

我分析这些是想要找到影响我英语成绩提升的因素，并不是想“甩锅”给老师或者教材。学习这件事，老师固然会起到指引方向的作用，但“我”才是学习的主体，更何况我们班里有很多英语成绩不错的同学。

就教材而言，以我当老师这些年的经验，给我哪本书作为教材，或者哪怕只给我一个大纲，我都能设计出以学生为中心的学习活动，也会重视帮助学生建立由学习方法构成的知识系统。

通过这些反思，我还意识到自己学习英语有个很大的局限：由于英语成绩不好，我内心一直拒绝把英语学习延伸到课外。完成英语作业和准备英语考试在我看来就是英语学习的全部了。而且除了课本上的英语之外，我对这门语言的接触量几乎为零。

其实对比我们可得（acquire）母语的经历就可以发现，语言学习者对于目标语言的接触量对这门语言的学习效果起着至关重要的作用。我们和别人说话，听别人说话，听广播和电视里的人说话，读教科书、课外书、看路上的标志牌和超市的宣传海报……这些都是我们在学习母语的时候自然而然就存在的输入。但是我学习（learn）英语的时候，我对这门语言的接触就只剩教科书这一项了。

我相信大家都知道语言环境对于语言学习的重要作用，但是“等出国了有语言环境英语水平就自然提高了”这样的说法是不准确的。如果一个母语不是英语的学生来到一个英语国家之后每天都不接触英语、不使用英语和其他人交谈，不使用英语做事情那他的语言能力也不会凭空提高。所以有效的语言环境的根本还是学习者主动和这个环境构成联系，刻意训练自己和环境中的语料打交道。虽然不是每一位学习者都能在学习外语的时候拥有一个理想的目标语言环境，但是我们可以利用现有的资源创造一个适合学习外语的环境。没有生活在母语是英语的国家，我们也可以想办法利用现代的科技和互联网上丰富的资源找到各种学习素材给自己创造一个沉浸式的语言环境。

我上高中的时候家里买了电脑，可以上网。然而我并没有利用网络上的资源为自己创造学习英语的机会，因为我不知道应该如何整合这些资源创造学习的环境。大四的时候我拥有了第一台笔记本电脑，大学毕业后我开始接触大屏幕的智能手机，但是我在使用这些科技产品的时候还是娱乐多于学习，又过了几年，电脑和手机都更新换代了一轮，网络也已经很普及了，但我还是没有利用信息技术提升自主学习的能力。

所以话说回来，曾经的我到底想不想在学习英语这件事上付出努力？我觉得在内心深处我还是非常渴望学好英语的，但是从行为层面看，除了在学校上课以外，我并没有给自己创造更多的机会去接触和学习这门语言，即便是在信息技术给自学带来了诸多便利的条件下。如果说我在学生生涯曾经为提高英语成绩付出的课堂时间之外的努力，恐怕也就是买过几本新概念英语的教材，然后看过每一本前面的几篇而已。

我词汇量很小，不爱背单词，背了也记不住，记住了也不会用。可能很多学习英语的人都面临类似的问题，但是我有点不理解为什么我记不住单词。我的记忆力其实是很不错的，初高中背过的课文现在依然能背得出来；跟我的好朋友董老师（她是高中政治老师）聊天的时候经常冒出几句经济学原理或者哲学原理，都是以前上学的时候背的；喜欢的歌听两遍就能跟着唱下来；电视剧看两遍就能记住台词；快板书“同仁堂”听几遍就能背个八九不离十。

可是我的记忆力一到背单词这件事就突然下降了，单词看了一遍又一遍，有时候也动笔写写，但还是记不住，所以可能我并不像自己之前认为的那样具备学习英语的天赋。上学的时候我花在背单词这件事上的时间也不少，我有多个单词本，会把生词抄在那些小本子上然后放在口袋里，只要有时间就拿出来。课间的时候看两眼，坐公交车的时候背几个。但是现在回头看，那种所谓的“已经努力了”也只是感动了自己，没有用对方法，没有把功夫花到点上。

我原来觉得我的语法学得还可以，具体表现就是老师课上讲的语法点我都听懂了，一些课本上的练习题也能照猫画虎地完成。但是一到考试的时候，语法和词汇结合起来我好像就应付不了，单选题四个选项可能有三个我看着都差不多，句子结构稍微复杂的文章我都读不懂。在写作的时候我的语法功力比做题的时候还差，尤其是在考试时间有限的情况下，根本写不出太复杂的句子。语法对我来说就是规则，它们很像公式，做题的时候我可能还知道如何套用公式，尤其是在有例题的情况下，但是我却无法用套公式的方法写出一篇漂亮的文章。任何一门语言都不是一成不变的，语言的使用其实应该很灵活，但我却把英语学得十分呆板。所以这样看我的语法学得也不怎么样。

每个学科的知识从听懂到游刃有余地运用，中间需要大量的练习和不断地反思。之前我也会问自己为什么我好像理解了某些语法点但是在写作的时候却不能灵活运用，因为我知道只有先找到原因才可以有针对性地解决问题。不过大多数时候我都找不到具体原因，然后总是用“每个人都有不擅长的领域”安慰自己。但是我学习教育学之后，逐渐对英语成绩不理想这件事做了更深刻的反思。

2016 年，中国学生发展核心素养总体框架正式发布，“核心素养”成为修订课标的重要依据。余文森教授在《核心素养导向的课堂教学》一书中讲到，知识不是教学的目的，而是教学的手段、工具和媒介。我们要通过知识获得教育，在学习知识的过程中提升核心素养。我之前的英语学习，就是过分侧重语言知识层面，忽略了语言性技能（比如表达）、文化知识（比如跨文化意识）以及英语学习策略等方面的提升，所以不具备建构新概念的能力和多元思维的意识，以至于无法创造性地表达自己的观点。

那么如果不从核心素养的方面来看，对于知识本身的掌握我做得如何呢？我给大家举个例子。上初中的我听到“How are you?”脑子里会条件反射地出现“I'm fine, thank you, and you?”那是不是表示我对这个知识点已经掌握了呢？其实没有。当别人问我“How's everything?”或者“What's going on?”的时候我就不会回答了。而且当我对别人说“How are you?”的时候，对方不一定会回答“I'm fine”。就算对方说了“I'm fine”，接下来也不一定会问我“And you?”当对方说最近不太好，压力很大、工作很忙、情感不顺的时候，我就无法继续这个话题了，因为我不知道怎么说才能安慰对方，让他们感觉好一些。

我觉得“How are you?”“I'm fine, thank you, and you?”这种套路本身并没有什么错，可是当别人不按套路出牌的时候，如果你不能接招，那交流就无法顺利进行下去。当你问完“How are you?”对方敞开心扉说了半天自己最近不太好，但你又不知道怎么往下接话，那还是有点尴尬的。当然，也许你问了也不是发自内心在意对方怎么回答，但是起码也要说一句“I'm sorry to hear that”或者“Feel better soon”之类的回应吧。总之，就是如果对方没有给出像“I'm fine”或者“I'm good”这种常规回答，我们也需要知道该如何把这个对话进行下去。所以就连“How are you?”这个知识点，初中时候的我也没有真正掌握。

至于这种问答是否过时，以我在加拿大学习和生活的经验来看，每天我都要回答和提问“How are you?”无数遍。超市里负责结账的收银员，商场里的迎宾人员，银行柜台的行员，几乎都会用这句话来问候顾客。同学朋友相见，教学楼里碰到老师，也不免要用“How are you?”来打招呼。至于对这句问话的回答，确实不是每次都会听到完整的“I'm fine, thank you, and you?”这个组合，但是“I'm fine.”这种表达方式我听过很多次。我觉得回答“I'm fine, thank you, and you?”没有任何问题，不管你的对话者是老师、同学还是店员、柜员，对方都不会觉得你的回答不得体。最多就是有些人可能觉得你其实没有那么“fine”，因为“fine”听起来会让人感觉“其实没那么好但是又不想聊这件事”。

有一次就发生了这样的情况：我在教学楼遇到了一位教授，他问了我一个问题，具体措辞我记不清了，但大概意思就是“How are your courses coming along?”（最近上课感觉怎么样？）之类的问题，我回答了一个“fine”。他马上问我只是“fine”吗？然后就跟我仔细聊了好半天最近上课的情况，最后得出结论其实我的状态比“fine”要好很多他才放心。其实当我回答“fine”的时候我内心是真的觉得“fine”，并不是正话反说或是有什么隐情，但那位教授觉得“fine”其实就是不怎么好的意思。所以后来即使我脑子里想的是“fine”，我也会回答“good”或者“great”。“I'm fine”这个表达方式本身虽然没问题，但我们要了解对话者（interlocutors）对“fine”的定义和我们是否相同，我们想表达的意思是否准确无误地传递给了对方。

其实大多数的情况下我回答“How are you?”的时候都是说“I'm good”或者“Good, thanks. How are you?”对方有时候会回答我，有时候根本不回答就直接开始进入正题了，因为他们问“How are you?”的时候并不是真的想知道我的情况，就是想简单地打个招呼。

在出国之前我的英语学习是完全脱离社会环境的，所以不仅口语完全不灵，听读写其实也受到了很大的影响。像刚才提到的“I'm good”也不是只能用来回答“How are you?”这类问题的，像在饭店里吃饭的时候，如果服务生过来给我加水，但是我不需要，也可以说“I'm good, thanks.”意思就是不用了。除了“I'm good”，我们也可以回答“I'm well”或者“I'm doing well”，如果你真的觉得自己状态非常好可以回答“I've never been better”，如果你觉得最近过得有点辛苦可以回答“I'm not having an easy time”，总之我们有各种各样的方式去回答“How are you?”这句问候，“I'm fine”只是其中的一种，在交流中我们还是需要有随机应变的能力。

那么如何提高随机应变的能力？我的方法就是最简单最直接的——重视积累，因为我不知道的东西我自己编不出来，让我现场组织我没有积累过的语言，很有可能我说出来的句子有语法或者语用方面的错误。以积累打招呼这件事为例，我会先找一个时间把出现频率比较高的打招呼和回复方式总结出来形成一个“库”，之后再遇到新的方式再随时补充进这个库就可以了。积累的渠道包括看英文电影、电视剧、访谈节目和日常生活交流的时候留意别人的表达。记住这些说法然后在下一次有机会和别人用英语交流的时候，努力尝试使用新积累的表达方式然后再记住对方的回答。这件事听起来工作量蛮大的，但是在语言学习的初级阶段，积累是非常必要的。等有了一定的积累之后，你就会很自然地开始根据对话的对象和环境随机应变。

英语不好的我是如何背单词的

我进入雅思培训行业之后，学生问我最多的问题就是怎么能在不背单词的情况下提高自己的英语成绩。每次听到这样的问题我都忍不住偷笑，因为我自己在学习英语的过程也想探索这个问题的答案。我非常理解反复背单词也记不住的痛苦，我想每个语言学习者一定都希望自己能轻松地记住新单词，并且能在生活中轻松地使用。我也知道学生们嘴上说他们不想背单词，其实也不是不明白单词量对于语言学习的重要性，而是想表达希望能用一种不痛苦和相对高效的方式去记住单词，并在听力阅读的过程中识别出来以及在写作和说口语的过程中准确地使用。

学习语言的人都不会否认词汇量的重要性，毕竟听说读写每一项语言技能都离不开基本的单词做基础。词汇量小是影响我英语成绩不好的重要因素之一。从应试的角度来看，从小到大我参加的各类英语考试都是以测试“输入”为主，不管是听力还是阅读，都是考查考生对于别人输出的英语的理解能力，需要识别大量词汇。虽然考试也包含作文和中英互译的题目，但是题量及分数占比和听力阅读比起来要小一些。

我大学毕业时候的单词量乐观估计也就是 3000 左右（四级考试的时候可能还能达到 4000 多，大二之后没有公共英语课单词量肯定下降了），所以不管是面对考试还是真实生活，我的基础能力都明显不足。就比如提到“看”这个词，我会想到“look”，“see”，“watch”，但是想不到看还可以用“glance”（匆匆一看），“glimpse”（瞥见），“gaze”（注视），“stare”（凝视），“peep”（偷看），“gape”（吃惊地看），“glare”（怒目而视）等来表示。这些词哪个都不生僻，都是日常生活中会用到的。

记单词方面我见过有天赋的人，基本在看过或者听过两三遍新单词之后就自然而然地记住了，但我不行，我可能看了十几遍还是记不住。我在初中和高中的时候背单词基本都是按照英语老师的要求，把每节课的生词或者单词表里出现的单词记下来。我的方法是先看这个单词的中文意思，然后记住字母组合的顺序，最后再看一下音标。使用这种方法的结果就是太长的单词我记不住，字母组合比较相似的单词非常容易混淆，感觉有些单词看起来长得差不多。我记得我们的英语书都是配了磁带的，但是我很少主动地去听这些单词的发音，主要是因为学校里的英语考试都侧重考查读写能力，没有什么真正使用听说的机会，所以我自己也没有重视掌握发音对记单词的作用。

我之前很长一段时间都分不清“compliment”（称赞）和“complement”（补足），你们看看这俩词，再分别读一下，就很容易理解为什么我总是把这俩词弄混了吧。而且这俩单词都是以“-ment”结尾，在我曾经的认知里，“-ment”结尾肯定是名词啊！但是它们又都能作动词，这种单词对我来说真的是太不友好了。像这种非常相似的单词，我只能通过记住它们的不同点来区分它们，比如我就记住有 i 的那个是称赞，有 e 的那个是补足，所以如果其中一个单词单独出现的时候我会卡住几秒。但是好在除了单词表以外，单词都是在语境中出现的，有上下文内容可以参考的时候就比较容易分辨出文中出现的到底是哪个单词了。

我总是能大概记得单词的“长相”，所以经常能大概“画”出来一个长单词的轮廓。我觉得混淆一些形近的单词的现象其实挺有意思，像“content”（内容）和“context”（上下文）我就从来不会看错，但是“diary”（日记）和“dairy”（奶制品）同时出现的时候我就必须得盯着看半天才能分得清。也就是说我知道这俩单词的区别，但是我如果想写其中一个的话，就必须先把两个词都写出来，然后对比一下才知道哪个是哪个，然后再用读音检验一下我判断得对不对。我还分不清“stationery”（文具）和“stationary”（固定的、静止的），我真的就是只能死记硬背文具这个词 n 后面是 e 不是 a。还有“casual”（随便的、非正式的）和“causal”（有原因的）这两个词我需要看得非常仔细，不然大概就会看错。我甚至还混淆过“thermos”（热水瓶）和“theorems”（定理），感觉非常离谱。但为什么说这件事有意思呢，因为每个人会混淆的单词其实都不太一样，别人觉得长得像的两个单词可能我一眼就能分辨出来，可是别人从来都不会混淆的两个单词我怎么看都长得差不多。

对于已经背过多次印象非常深刻的单词，我可以在阅读的过程中识别出来。但是如果单词有多个含义，我通常只能记住最常用的一两个或者是单词表上最靠前的那个解释。我在写作文的时候单词量明显小于阅读时的单词量，说英语时候的词汇量和写作又不是同一个词库。这其实很正常，语言学习者的阅读听力词汇量大于写作口语词汇量。但是我没办法比较口语和写作哪个词汇量更大一些，多数人可能写作词汇量大于口语，但我有时候能说的单词不会拼，就没法用在写作里，有时候能写的单词在说的时候想不起来。

我有时候会刻意使用一些看上去词汇量还可以的词，比如想讲达成某件事需要付出艰苦努力的时候，我会用“arduous”（艰苦的）；想讲某种行为刻意消除偏见的时候，我会用“eliminate”（消除）。有的小伙伴可能觉得这俩词也很普通啊，但是以我曾经的词汇量来说，这样的词已经属于很“高级”了。曾经很长一段时间我执迷于用词是否“高级”，但我后来反思了这件事，一方面是我忽略了词汇使用的准确度，一个词看着挺长但是如果不准确的话那还不如不用；另一方面就是我反思了自己曾经用来衡量某些词比另一些词更高级的标准，那就是我觉得越长的、越不常见的词就越高级。但其实在英语学得好的人眼里，那些词压根算不上长，而且也都是大家司空见惯的词，只是我见得少而已。

大学期间我基本延用了中学时背单词的方法，但是每单元需要背的单词越来越多，长单词也越来越多，长得像的单词也越来越多，所以我感觉自己背单词的效率比中学阶段还低。比如“disassemble”（拆开、分解）和“dissemble”（掩饰、掩盖）这两个单词，在我看来就长得差不多，区别不过就是一个稍微长一点儿，另一个稍微短一点儿。我经常会把这两个词的中文意思记混，或者单独见到这两个词中的任意一个的时候把它们当作是同一个词。

我在单词书上看到词根词缀记忆法，觉得这个方法对于有一定单词量基础的人来说还是挺有用的，可以让背单词的过程事半功倍，还能根据词根词缀去猜一些没背过的单词的意思。但是由于我之前单词量有限，很多单词的词根我也不认识，比如我知道“dis-”这个前缀可以表示否定，那么“disassemble”的意思就应该与“assemble”（集合、聚集）相反，尴尬的是“assemble”是什么意思我也不知道，“assemble”来源于哪个词根，它的本意是什么我更是完全不了解，所以拆了半天我还是不知道“disassemble”的意思。其实“assemble”的词根是拉丁语“assimulare”，意为“放在一起，组合（put together）”，而“dissemble”又有着不一样的词根。这种情况下我还不如先分别记住“assemble”和“disassemble”的意思，而不是先去记它们的词根，效率反而高些。

与“disassemble”和“dissemble”这两个词相比，“registration”和“enrollment”我就很熟悉了，因为平时见得机会多。这两个词都有登记、注册的意思，都可以用在学校的选课场景中，当我想表达我要选一门课时，可以用“enroll in”后面加课程名称，也可以用“register for”后面加课程名称。那么这两个词在使用上到底有没有区别？我一直觉得在表示注册、选课这样的意思的时候，这两个词的含义是完全相同的，直到有一天我看到学校发的关于开学之后注册和选课的邮件通知。邮件里是这样说的：“Enrollment is when you add or drop courses”，这里的“enrollment”指的是学生选课或者退课；“Registration is when you pay your tuition and incidental fees. This is how you officially become a student.”这里“registration”指的是学生交学费及其他杂项费用之后正式地成为这个学校的学生。

一般来说，“registration”会有一个截止日期（deadline/due），学生需要确保学校在截止日期之间收到自己交的学费（tuition），有些学校要求的是至少收到最低付款额（minimum payment），通常是一个学期的学费。在这个日期之前学生把学费汇到大学的账户，那么学生就可以在学校系统上进行选课或退课（enrollment）。如果到了截止日期学校还是没有收到学生汇来的学费，学生也没有申请学费延期提交（deferral），学生已选的课程有可能会在系统上被取消。这就是这两个词在实际生活中的用法。我后来很喜欢从生活细节里学习单词，虽然有的词典对单词的解释也非常详细，但是能在生活中遇到单词的具体用法更能帮助我在恰当的场景使用这些单词。所以单词长短是一方面，“registration”和“enrollment”看着也不短，但是在真实场景中见过用过，就忘不了了。

我背单词的时候不太重视名词是否是可数，也不太重视名词的复数形式。比如“clothing”（服装的总称）是不可数名词，如果想用“clothing”这个词表示一件衣服可说“an item of clothing”。但是“clothes”和“clothing”不同，“clothes”是一个只有复数形式的名词，但是它不能和数字一起用，我们不能说“*two clothes”或者“*three clothes”，但是可以说“some clothes”。对于具体的衣服我们可以在名词前面加数字，比如“one shirt，two jackets，three pairs of pants”等。“Clothing”比“clothes”更正式一些，商场里卖衣服楼层的标志一般都是“men’s clothing”或者“women’s clothing”，但是日常生活中如果想表达刚买了一些新衣服，大家一般都会说“I just brought some new clothes”。对于这种细节的关注是我在之前学习英语的过程中一直非常欠缺的，很多东西我觉得自己已经知道了，但其实经不起推敲。

我原来都是凭借感觉来判断单词是否可数的，比如“pie”（馅饼）这个词，我在查词典的时候发现这个词既可以作可数名词，也可以作不可数名词，但是我之前一直以为这个词只有可数名词的用法。我判断的依据就是我自己的感觉，我觉得不管是圆形的派还是方形的派，都是能数出来的。所以如果我想说“我喜欢吃苹果派”，我会说“I like eating an apple pie.”或者“I like eating apple pies.”我觉得单数形式的“pie”前面需要冠词，不然就得用复数形式。后来我才知道其实“我喜欢吃苹果派”准确的说法是“I like eating apple pie”，这里的“pie”是作为不可数名词使用的。如果说“桌子上有个派”就应该是“There is a pie on the table”，这里就应该用可数名词的形式。

饮料（beverage）这个词我一直觉得是不可数名词，因为“wine”（葡萄酒）是饮料的一种，不可数；“milk”（牛奶）是饮料的一种，不可数；（果汁）也是饮料的一种，也不可数。那“beverage”这个词也应该不可数啊，我当时就是这么想的。但是后来查词典发现这个词是可数的，如果想表达“酒精饮料”，那么需要用“alcoholic beverages”而不是“*alcoholic beverage”。这说明什么呢？说明我仅凭感觉判断单词是否可数是不可靠的。尽管有些单词能凭感觉判断正确，但不是所有的单词都能凭感觉判断出来。所以如果想要确保单词单复数使用准确，还是要查词典的。

我曾经在咖啡店听到别人点咖啡的时候说“two lattes”（两杯拿铁），当时我觉得这样说是不对的，怎么能直接在表示咖啡的词后面加复数呢？其实“two lattes”这个说法是没有问题的，因为它就是“two cups of latte”的意思。如果我们查词典就会发现“coffee”这个词的用法里就有“Can I get you a coffee？”这样的例子，而这里的“a coffee”就等于“a cup of coffee”。这又说明什么问题呢？说明要多留意别人在真实的生活场景中是如何使用英语的，如果发现别人的用法和自己在书本或者课堂上学到的不一样，那就拿起词典验证一下。

再比如“salmon”（鲑鱼，三文鱼）这个词，加拿大有一项特色旅游活动叫做三文鱼洄游，说的就是三文鱼成群结队从开放水域游回出生地产卵，冲破激流险滩逆水搏击，壮观程度就如鲤跃龙门一般。人们在观看三文鱼洄游的时候可能会讨论一个问题，“Why do salmon swim upstream?”（为什么三文鱼逆流而上）？有的人听到这句话就会产生疑问了，如果“salmon是单数形式的话，就应该说“why does”而不是“why do”；如果“do”用得对的话，那“salmon”是不是应该加s啊。其实这句话是没有问题的，这里的“salmon”就是复数，因为“salmon”的单数和复数同形。这种非常细微的点我在之前学习英语的过程中很容易忽视。我在背“salmon”这个词的时候会更关注它的拼写和它的中文意思。但是如果想要把这样的单词更加准确地使用到句子中，就必须注意细节了。

还有一个和单复数有关的用法，不知道大家有没有犯过类似错误。像“女教师”或者“男教师”这样的词组如果用复数的话应该是“women teachers”，“men teachers”还是“*woman teachers”，“*man teachers”？这种细节我之前也不会注意，凭感觉我认为前面的名词应该用单数，比如“city streets”，作定语的名词是单数。所以我会不假思索地使用“*woman teachers”和“*man teachers”，但是正确的用法却应该把“woman”和“man”也变成复数。

再来说说单词发音的问题。虽然教科书的单词表上都有音标，也配有音频，但是我在背单词的时候基本没利用过音频，所以很多单词我只是看着眼熟，如果它们出现在听力原文里，我不一定能反应过来。音标我虽然也学过，但是按照音标读单词的时候也总出错，有时候重音位置找不好，有时候因为音标本身就没读准。比如“book”的音标 /bʊk/，其中的 /ʊ/ 我一直读作“乌”的音，我读出来像“布克”；“very”的音标 /ˈver.i/，其中的 /v/ 我一直读的和 /w/ 一样，我读出来像“歪瑞”，其实都是不准确的。有的单词特别长，第一次看到的时候就算有音标我大概率也读不出来，就算勉强读出来了听上去也很奇怪。如果我读单词的时候做不到准确，那在听到这个单词的时候反应不过来就很正常了。所以说想提高听力和口语能力，除了提高基础的词汇和语法之外，还是要多听多说多模仿，不断纠正自己错误的发音。我的学生中也有相当一部分人遇到过类似的困难，就是单词看着好像是认识的，至少是有印象的，但是听的时候反应不过来，甚至想用字母组合简单记录一下发音都做不到，所以做听力题的时候正确率不高，可是一看听力原文又觉得不难。

理想状态下，一个人英语输出的词汇量和输入的词汇量可以是相同的，但是真的能做到可以在输出的时候使用每一个认识的词太难了。即使是母语，我也做不到在说话和写作的时候用很多其实我知道意思的成语，更不要说外语了。实际点来看，想让自己的口语和写作词汇量扩大，那就要增加听力和阅读的范围。假如我认识一万个单词但只能自然地主动使用四千个，那我如果能认识两万个单词，理论上能主动使用的单词就有可能达到八千了吧。另外，输出英语不仅要注重看着高大上的单词，能把很多像“come”和“make”这种简单的动词和不同介词的搭配能用得准确也很重要。

英语不好的我是如何考试的

从考试的角度来说，我比较害怕的一类题型是选词填空，例如下面这道题（2004 年 6 月四级考试第 48 题，就是我参加的那次大学英语四级考试）

First published in 1927, the charts remain an _______ source for researchers.

A) identical　　B) indispensable　　C) intelligent　　D) inevitable

我做这类题的方法就是先把句子翻译一下，这个句子里没有特别难的词，所以翻译句子这个过程也比较简单，大概意思就是“这些最初在 1927 年发表的图表对研究者来说仍然是一种什么样的资料来源”。接下来我就会逐一翻译选项中的四个词，然后代入到句子中看哪个词表达的意思最合适。如果这四个选项单词的意思我都知道那就好办了，但是很多时候我可能至少有两个词的意思拿不准。

这套四级真题真的就是我当初考试的那一版，但是我已经无法确切地记得当时我是否认识选项中的全部单词。凭我对自己的了解，我觉得我当时肯定不认识“indispensable”和“inevitable”，或者说只是觉得这两个单词眼熟，但是说不出确切的意思。那么在这种情况下，我会先代入我认识的两个词，“an identical source”是“相同的来源”，“an intelligent source”是“智慧的来源”。如果我觉得这两个表达里有某一个是合理的，那我就会直接选那个词，如果我觉得都不合理，那就会在剩下的两个不认识的选项中随便蒙一个。我已经不记得我当时选的哪一项了，所以我只能简单还原一下我常用的做题逻辑。

这道题的正确答案“indispensable”意思是不可缺少的，绝对必要的，也就是说虽然这些图表的发表日期很早，但是现在这些资料依然不可或缺，也就是说资料没有过时，依然非常重要。“An inevitable source”是“必然的来源”，和“仍然是必要的来源”相比，“仍然是必然的来源”听上去很不通顺。从这道题的做题过程来看，单词量还是非常重要的，如果选项中的四个词都不认识，那除了蒙以外还真是没有什么其他的办法了。现在也无法考证我当时有没有蒙对这道题，我觉得我当时很有可能选的是“intelligent”（智慧的）。

再比如下面这道题（2004 年 6 月四级考试第 49 题）

Joe is not good at sports, but when it _______ mathematics, he is the best in the class.			
A) comes to	B) comes up to	C) comes on to	D) comes around to

这道题的题干也非常容易翻译：Joe 不擅长体育，但是他的数学是班里最好的，画线部分完全不需要翻译出来，但我们能够理解划线部分的意思应该是“当谈到数学这门学科的时候”。这道题对我来说难点和上面那道题不同，上面那道题的选项词不认识就是不认识，这道题的选项词看着都非常简单，可是当简单的单词组合在一起表达不同含义的时候，又让我非常困惑，容易混淆。我很怕这种常见的动词和不同的介词搭配，乍看上去应该能做对的题，真正做的时候又分不清这些搭配之间具体的区别。

另一类我非常害怕的题型就是完形填空，比如这两道题（2004 年 6 月四级考试第 77、78 题）

> …there is growing agreement ___77___ what is wrong with the ___78___ of history…
>
> 77. A) to B) with C) on D) of
>
> 78. A) consulting B) coaching C) teaching D) instructing

我背单词的时候，只会记住“大词”例如“agreement”或“agree”的中文意思但是忽略它们和“小词”——例如“to”，“with”或“on”的搭配，因为在我把这个题干翻译为中文的时候，小词的含义是不需要翻译出来的。第78题的选项对我的迷惑之处在于“teaching”和“instructing”翻译成中文都有教导的意思，但是我又不知道在英文的使用中这两个词有什么区别。所以这两道题我很有可能都是蒙了一个我自己觉得“更像”答案的词。

相比词汇题和完形填空来说，我做阅读的能力还可以（我的意思是我“做阅读试题的能力”还可以，而不是我的“阅读能力”还可以）。虽然文章里有些词我不认识，有些长句子的结构我也分析不出来，有些推断题可能会因为没有理解文章或者选项中的词而选错，但是好在阅读理解部分有很多细节题，这类题即使在原文有生词、我不能完全读懂文章的情况下依然可以选出正确答案。例如下面这两题（2004年6月四级考试第22、25题）

> 22. The present growing interest in sign language was stimulated by _______.
>
> A) a famous scholar in the study of the human brain
>
> B) a leading specialist in the study of liberal arts
>
> C) an English teacher in a university for the deaf
>
> D) some senior experts in American Sign Language
>
> **对应原文** The current interest in sign language has roots in the pioneering work of one rebel teacher at Gallaudet University in Washington, D.C., the world's only liberal arts university for deaf people.（Passage Three，第一段最后一句）

距离考试太久了，我现不能确定当时我认不认识题干的“stimulated”和原文的“rebel”，我觉得八成是不认识，而且原文的“liberal”我很有可能会认成“literal”。我的做题过程是这样的：首先我会用“the current interest in sign language”来定位原文的这句话，然后从选项中判断答案应该是一个人（选项A的“scholar”和选项B的“specialist”我不一定能非常准确地翻译成中文，但是我可以从后缀和选项C、D的“teacher”和“experts”判断出这两个词表示的是某种人），接下来通过在原文中找到表示人的词或词组“one rebel teacher”“一个怎样的老师”来锁定选项 C。

25. Stokoe's argument is based on his belief that _______.

A) sign language is as efficient as any other language

B) sign language is derived from natural language

C) language is a system of meaningful codes

D) language is a product of the brain

对应原文 What I said, Stokoe explains, is that language is not mouth stuff—it's brain stuff.（Passage Three，第四段最后一句）

这道题相对来说也比较简单，只要找到“Stokoe”对应观点的位置，提取出特殊符号破折号之后的关键词“brain stuff”就可以很容易选出正确答案。举以上两个简单的阅读理解题是为了说明即使有些时候我不认识原文或选项中的某些词，但仍然可以做对一些考查细节的题目。但是如果题目考查的是推断能力，我就不一定能做对了，例如下题（2004 年 6 月四级考试第 21 题）

21. The study of sign language is thought to be ______.

A) a new way to look at the learning of language

B) a challenge to traditional views on the nature of language

C) an approach to simplifying the grammatical structure of a language

D) an attempt to clarify misunderstanding about the origin of language

对应原文 Only in the past 20 years have specialists in language study realized that signed languages are unique—a speech of the hand. They offer a new way to probe how the brain generates and understands languages, and throw new light on an old scientific controversy whether it is a learned behavior.（Passage Three，第一段第二、三句）

这道题题干的单词都比较简单，但是原文中的“probe”和“controversy”我当时应该都不认识。通过对比原文中“a new way”后面接的是“the brain generates and understands languages”和选项 A 中“a new way”后面的“the learning of language”，我可以排除这个选项。我也许可以通过“throw new light on an old...”对应到选项 B 的“a challenge to traditional...”因为我应该知道“traditional”这个词和“old”之间的关系，虽然不记得当时的选择，但感觉细节都能对上。阅读理解总是在国内英语考试中占很大的比例，所以我的英语成绩基本还是属于及格的状态。如果英语考试是以词汇题和完形填空为主的话，恐怕我的分数很难超过百分之六十。

虽然英语考试是包含听力部分的，但是占分比例不大，在我高考的时候英语听力部分 30 分，占卷面总分的百分之二十，在我考大英四级的时候听力部分 20 分，同样占卷面总分的百分之二十。我的听力应该和其他部分的题目正确率差不多，高中百分之七十多，大学百分之六十多。听录音时候的感觉，基本就是似懂非懂，题也都是半懵半懂做的。我没特别地训练过自己的听力能力，经常是没听懂就再听一两遍，还听不懂就看看原文。听不懂但是看原文又觉得不难的这个问题一直延续到我考雅思听力的时候，好像没多难，但只得了 5 分。

英语不好的我是如何学习语法的

我听过“培养语感”的说法，但是就我个人而言，语感这个概念过于缥缈。我觉得语法学习非常重要，我是从小学五年级开始学习英语的，五年级之前我完全没有接触过英语，没上过课外班，也没接触过任何英语学习材料。五年级的时候我的母语基础已经非常好了，这跟从很小开始接触英语和把英语作为母语来学的人的情况是完全不同的，淡化语法、培养语感的做法并不适合我的情况。如果完全忽略语法学习，我没办法克服在使用英语的时候母语对我的影响，何况我在学英语的过程中语言的输入量很小。我只有母语语感，没有英语语感，也就是说不管是我自己还是别人说中文的时候出现的语病我会自然的意识到，并知道如何改正，但我不一定能讲清楚为什么要这样改，以及是根据什么规则来改的。但是英文的错误如果我能意识到并知道如何改正，那我就一定说得出规则，不会出现那种“我不知道为什么，但是就觉得应该这样说”或者“我就觉得应该这样写”的情况。

简单的语法知识我其实学得还可以，当老师讲完一种语法现象比如定语从句时，我可以记住这类句子的结构，知道定语从句由关系词引导并修饰先行词，可以分析定语从句中的各个成分，满足做题的需求，也可以在时间充裕大脑清醒的情况下写出与例句结构相似的句子。

59. The group of technicians are engaged in a study which _______ all aspects of urban planning.（2004 年 6 月四级考试第 59 题）

A) inserts B) grips C) performs D) embraces

这道题的考点在于词汇而不是语法，但是因为题干是一个定语从句所以我用这句话分析一下我对语法的理解：定语从句部分是由"which"引导的，修饰的是先行词"a study"，关系代词"which"在从句中作主语。把"a study"还原到从句中得到一个简单句"a study _______ all aspects of urban planning."从做题的角度，我当时不认识"grips"和"embraces"的可能性很大，所以我会先把"inserts"和"performs"代入原句检查意思是否合理连贯。检查之后发现一个研究"插入"城市规划的各个方面或一个研究"执行"城市规划的各个方面听上去都不合理，我很有可能会在选项 B 和 D 中间随机蒙一个答案。

稍微难一点的语法结构我学得就不太好了，比如倒装，做题的时候如果时间充裕可能还能想明白，但是在写和说的时候我几乎没有使用过倒装结构。倒装结构既可分成语法倒装和修辞倒装，又可分为完全倒装和部分倒装。这对我来说就已经够难了，但是有时候，比如副词和介词放在句首的时候，还得分主语是名词还是代词。这种情况如果是一道选择题，我还能尝试把规则在脑子里过一遍，但是写作的时候我怕费半天劲最后还写错所以干脆不给自己找麻烦直接避开这样的结构。口语的时候就更不用说了，那么短的反应时间我肯定说不出正确的倒装句子。除非我提前背几个倒装句，在能用得上的时候直接背出来还有点可行性。

我接触完全倒装其实很早，疑问句、there be 句型都是语法上要求的倒装，而且小学教材里就教过"She likes reading. So do I."这样的句子。这个以"so"开头的句子表示"也一样"的意思，重复了前面一句的部分内容，句子结构和一般的主谓结构相反。那么从修辞的角度来说倒装有什么好处呢？倒装的使用一般是为了强调句子的某一部分，引起别人的注意。比如很多以否定或者半否定意义的词开头的句子，像"Never have I read his book"表示我从没读过他的书。再比如"only"放在句首且"only"后面有它修饰的状语或状语从句的时候也需要倒装，而且如果"only"修饰的是状语从句，那倒装的是主句的主谓语而不是从句部分。我要是仔细回想这些规则其实也都能想得起来，但是我写倒装句的时候也要先在脑子里构思一个主语在前谓语在后的句子然后再把主谓语倒过来。即使是现在我用英语写文章已经非常得心应手了，但是我在使用倒装结构的时候依然非常谨慎。

我特别怕结合了各种语法结构的长难句，就是那种翻过来倒过去地看觉得单词差不多都认识但是不知道这句话到底在说什么，想翻译又译不出来，读着读着就不知道到哪了的那种句子。我阅读英语的习惯不好，经常句子读到一半就会回看，很少把一个很长的句子从头到尾读下来。而且我的阅读速度比较慢，因为看文章总是一个单词一个单词地看，不会切分意群。还有就是我看到超过两行的句子内心就会抵触，然后逐渐失去耐心，基本属于“心态崩了”，很难沉下心看下去。

我的语法学得有多死板呢，如果我想说“我们以前是同事”，我能想到的说法就是“We were colleagues”，我甚至想不到其实“We worked together”也能表达一样的意思。当我想说“因为我对英语越来越感兴趣，所以后来成为了英语老师”，我能想到的说法就是“Because I got more and more interested in English, I became an English teacher”，但是后来我知道了，“My growing interest in English led me to become an English teacher”也能表达一样的意思。林肯总统在盖茨堡演说中提到的“of the people, by the people, for the people（民有、民治、民享）”被许渊冲先生用来翻译孙中山先生的三民主义（民族、民权、民生）的例子，感觉信达雅都不足以形容许先生的精妙程度，而我看到“民有”两个字能想到的就只有“people own...”。

背规则的作用是有限的，就像学数学的时候也不是说把公式背下来就能解开所有的题目一样。语法应该帮助我们更好地理解别人说的话和写的文字，也应该帮助我们更好地通过写和说来表达自己的观点，顺利完成和他人的交流。我自己写句子的时候为了稳妥，会尽量使用简单语法结构的句子。口语就更不用说了，明明在脑子里构思好的句子一张嘴也是错误频出，不是动词时态有问题就是名词前面忘了冠词。很多时候话一出口就知道错了，但是在跟人交流的过程中总不能每句话都倒回去重新说一遍。所以说，学了半天语法，英语成绩也没怎么提高，使用英语的能力也没加强。但是我知道问题并不是出在语法本身，而在于我学习的方法效率很低。

从小语文老师就教导我们“读书破万卷，下笔如有神”，这说明汉语的输入和输出之间的关系是密不可分的。英语也是一样，大量的语言输入对语言输出的质量起至关重要的促进作用。我自己觉得从中学到大学我也有一定量的英语输入，虽然算不上很多，但是也确实做了不少听力和阅读题目，但是我的写作能力和口语能力并没有同步提高。写得少说得少是一方面，另外就是没有培养出一套严密的逻辑思维方式。想起一句就写一句虽然也是一种写作练习方法，但是真正的写作，不管是学术论文，还是叙述性故事，都需要有清晰的逻辑结构，由此可见语言输入的质和量都是很重要的。同时，我自己输入英语的方式也值得反思，我读过很多中文书，如读小说、诗歌、散文、杂文，我理解故事情节也欣赏修辞手法，但是我所谓的英语阅读仅仅是为了做题看似读了一些英语文章，但是阅读的目的就是为了找到答案，所以没有把重点放在理解句子和文章结构上，那就不能算是有效的语言输入，也不可能作为英语输出的基础。

英语不好的我是如何输出的

用英文写作的时候，我基本上是先在脑子里用中文构思好要写的内容，再逐字逐句翻译为英文。我的首选肯定是简单句，当然有时也会运用一下定语从句、状语从句或者其他不太难的语法结构。复杂的语法现象几乎不会出现在我说英语的时候，因为我需要比较长的时间去组织语言，但是日常的口语交流中人们是不会停下来组织句子成分的。

我在第一次参加雅思考试之前几乎没有什么机会“说”英语（这里我指的是真正的交流，不包括和同学提前设计好，然后背下来，再在课堂上表演出来的那种对话形式）。说英语要实现交流的目的，而设计好的对话是我提前知道对方要怎么回答我，我也提前知道我要怎么把对话进行下去，这种设计好的问答是“背”而不是在“说”。

词汇量小是我写作的大障碍，我最常遇到的困难就是想用某个词但是不会写，所以作文中出现的都是非常简单的词。如果非要表达某个意思但又不知道那个词的同义词，那我就只能用解释或者举例的方法。如果写作文是课后作业而不是当堂测试，那么情况会稍微好一些，因为不会的词我可以查词典。我习惯使用的词典就是英汉、汉英纸质或电子词典，以前并没有使用英英词典的习惯，因为觉得如果在查单词的过程中又遇到不认识的词会降低学习效率。这种习惯带来了另一个问题，当我想表达某个意思，我会用中文去找对应的英文，但是语言在翻译的过程中含义可能会稍微发生一些变化，或者很多个英文单词都可以翻译为同样的中文意思，那么我就很有可能在词典里选择了一个并不恰当的单词。

举个极端点的例子来说，如果我想写一个词组“接电话”，前提当然是在我不知道接电话应该怎么说的情况下，我会选一个翻译为“接”的单词和一个翻译为“电话”的单词，那么很有可能我写出来的词组就是“receive phone”，但是其实常用的表示接电话的词组应该是“answer the phone”或“answer the call”。但是通常情况下我会把“answer”这个词翻译为回答，所以当我想说回答问题的时候我会首先想到“answer”这个词，但我不会说“回答电话”。想象一下你手机响了但是你没有接，旁边的人问“你怎么不回答电话啊？”，你肯定会觉得这人怎么这样说话。所以母语不可避免地会对外语习得产生影响。

其实“answer”也有应答的意思，这时就比较适合和电话来搭配了，但是我看到“answer”的时候想的是“回答”。如果我想说接受教育，那么用“receive”表示接受就没有问题了，这时候用“answer”就不对了。另外就是我们在说中文的时候没有使用冠词的习惯，所以经常会忘记在单数名词前面加上冠词。而且你们猜如果有人来我家做客，客人离开的时候我想表达“我送你到门口”会怎么说？我十有八九会说“I’ll send you to the door.”估计客人听了得一脸懵，“怎么着，我的天哪！要“send”我！像“send”快递一样吗？”想表达这个意思比较恰当的说法是“I’ll walk you to the door”，也就是我陪你一起走到门口。但是单就“walk”这个词来说，我肯定不会把它翻译为送的意思。如果要表达送行，比较常用的是“see off”，比如我要去机场送一个人可以说“I’ll go to the airport to see him/her off”。同理，如果想说“慢走”，也不能用“walk slowly”，因其表示走得很慢，如果你这样说的话客人会感到疑惑：我为什么要走得很慢，我想快点走不行么。我们想一想，送客人的时候说的慢走是真的想让客人走很慢么，当然不是。我们说的慢走是想表达一种对客人的关心，有舍不得、挽留的感觉类似路上小心的叮嘱。那么只要英文能表达上述的含义就是恰当的，我一般就用“take care”，如果对方开车，也可以说“drive safe”。本来我觉得在这种情况下应该说“drive safely”，但是我听很多母语是英语的人平时说的就是“drive safe”，所以我也改成了“drive safe”。后来我才知道“safe”属于“flat adverb”（形容词和副词同形），在“drive safe”这句话里“safe”虽然没有加“-ly”，也依然是副词的用法，像“take it easy”也是同样的用法。印象中我没学过“flat adverb”的概念，当然也有可能是老师讲过了但是我没记住。我学过“take it easy”，是当作固定搭配来记的，所以当我第一次听到“drive safe”的时候，还觉得是有语法错误的。

在使用英语进行口头交流的时候我也克服不了先想中文再翻成英文的习惯，而且越是日常生活中的词我越不会说。掌握日常生活相关的词汇是很重要的，但是在我的印象中教材里很少教这些生活化的词，当然还是不能排除教材里讲了但我没记住。比如买冰淇淋“要两个球”。我脑子里第一反应就是用“balls”，但是我没敢这么说。后来我和卖冰淇淋的人学到了“scoop”这个词，它作为名词使用的时候最常用的意思是“勺”，作为动词是“舀”，所以如果我说我想要“two scoops of ice cream”那就是让店员给我舀两勺，也就是我们平时说的“两球”。不过就算我学过这个词有勺也有舀的意思，买冰淇淋的时候也不一定想得到，但是买冰淇淋的时候用一次，之后就一直记得。用来托着冰淇淋球的蛋卷叫做“cones”，这个词就是圆锥的意思，像是修路的时候立在路边的那个橘色的锥形路标就叫做“traffic cones”，托冰淇淋的蛋卷就是“ice-cream cones”。

我买饮料的时候也不会说吸管，好在一般卖饮料的店里吸管都是摆在台面上的，自己拿一下或者伸手指一下店员也知道你要什么。后来我和奶茶店的店员学了“straw”这个词，它本来就有吸管的意思，当然也有另一个常用含义稻草。我很早就认识“strawberry”（草莓）却没想过这个词其实包含了草（稻草“straw”）和莓（浆果“berry”），虽然这个词在最初构成的时候并不是组合了稻草和浆果这两个词的意思。喝珍珠奶茶的时候用的那种比较粗的吸管叫“thick straw”，珍珠奶茶叫做“bubble tea”，但是里面那个珍珠叫“tapioca pearls”，而“tapioca”就是木薯粉或者马铃薯粉和果胶做成的淀粉球。

买咖啡的时候我也不会说那个隔热或者隔冷的杯套。咖啡这东西很奇怪，热咖啡和冰咖啡都很好喝，但是温咖啡真的不好喝。杯套这个东西其实有很多种说法，比较常见的像“cup/coffee sleeve”，其中“sleeve”就是“袖子、袖套”的意思，非常形象。另外，“cup/coffee clutch”也可以表示这种杯套，其中“clutch”这个词本身就有抓的意思，所以手包用的也是这个词。后来跟咖啡店员学了“cup holder”，这种看似简单的词如果不是别人告诉我，我很难在需要的时候自己组合起来。我明明知道“hold”这个词的意思，但是我还是需要别人告诉我“cup holder”这个组合可以表示杯套，下一次我才会用。

在超市购物的时候我一般是想买什么就直接看着实物或者包装上的图片拿，就算想买的东西找不到，也可以拿着图片去找工作人员寻求帮助。在餐馆里我经常凭一个“this”就把点菜的事全搞定了。以我的经验来说，不知道各种生活用品的单词不至于影响在说英语的国家生活，但是在国外待的时间久了，总觉得只凭一个“this”走天下有点说不过去。不过在我英语不好的时候感觉“this”这个词真是万能的，也基本都成功地完成了交流。不然想点一个赛百味，我是不是得会说普通、全麦，还有蜂蜜燕麦面包，是不是得会说牛肉、鸡肉，还有金枪鱼，是不是还得会说生菜、青椒，还有酸黄瓜，最后是不是也得会说蛋黄酱（mayonnaise/mayo）、西南酱（chipotle southwest），还有芥末酱（mustard），这还是因为我不爱吃奶酪，不然还得会说各种奶酪。

说实话我感觉记生活用品的词比记自己专业的词汇要困难一些，为什么我不会使用生活中常用的这些单词呢，我认为主要原因是这些词没有或者很少出现在我参加的各类英语考试中，或者这些词出现了但并没有成为考点，所以没有引起我的注意。当然这也暴露了我对于考试里不出现的内容没有引起重视。出国之后我发现一些相对难的词，比如自己专业领域的不太生活化的词汇反而是认识的，因为专业词汇天天在书上和论文上看到，在阅读教材和期刊的过程中下意识记住了很多，而且在报告里写来写去，准确应用也没什么问题。反而是日常相对简单的词汇因为接触少，没有刻意记过，看见都不一定能认识，所以更别提主动使用了。

各种学习用品和生活用品的词汇对我来说也是个大难题，不过在超市里购物可以不用认词，直接拿货结账即可。但是我在英国的时候听说有留学生把还没开花的黄水仙认成了蒜薹买回去炒肉而进了急诊。虽然超市里有标签，但是留学生可能也不认识标签上的名称（水仙花的英文是 daffodils，蒜薹的英文是 garlic chives），反正我是不认识。而且买菜的时候大家也不会拿一种菜看一次标签。听说后来英国超市里的黄水仙都会专门贴一个标签写上这个不能吃，可能卫生部门的人也觉得奇怪，怎么老有人吃黄水仙呢。

后来随着网络购物越来越发达，买东西可以看着图片下单，不认识的词可以随时查，基本上就不会出现买错的情况了，但我觉得多积累一些日常生活中的用词是必要的。有一次我专门记了订书钉（staple）这个词，因为学校的图书馆复印机旁边肯定有订书器（“stapler”，我是先知道的“stapler”这个词后知道的“stapler”），万一订书钉刚好用完了得去跟图书馆的管理员要。当然如果我把订书机打开递给管理员，他们肯定也能明白我的意思，但是“staple”也不是个多难的词，一个读研究生的人不会说订书钉真的有点说不过去，但是我第一次出国读书的时候就真不知道。这也暴露了我背单词时候的问题，背“stapler”的时候竟然没有举一反三顺便记一下“staples”，“stapler”不就是把“staples”订到纸里的工具么。

后来我专门学习了一些和文具（stationery）有关的单词，比如图钉“thumbtacks”和“pushpins”，而且我和图书馆的工作人员学到那种金属圆扁头的图钉叫“thumbtacks”，那种彩色的前面有个小圆柱形的头很容易拆下来的图钉叫“pushpins”，但在实际生活中应用的时候人们不会纠结这两个词的区别。比如有一次研究生院的学术会议上我要做一个海报展示，我想找工作人员要几个图钉把我的海报钉在专门用来展示的板子上。我说我要几个“pushpins”，他们给我的既有“pushpins”也有“thumbtacks”，主要是他们问我要图钉干什么用的时候我说是用来钉海报（hang my poster）就可以了。后来买东西的时候遇到不会的单词，我就描述那个东西的用途，店员就会说“噢，你想买的那个东西叫什么什么。”我就赶紧把这个词记下来。这就是很有效的交流，也是很好的学习方式，可以扩大目标语言的输入量。

我在说英语的时候基本都是简单句，或者用并列连词把简单句连起来也就差不多了。但就算是非常简单的句子，我也脱口而出过“How to connect to the WiFi network?”先不说这句话语用的角度是否礼貌，单看语法，“how to do”并不能构成一个完整的句子。这个句子修改起来其实也容易：“How do/should I connect to the WiFi network?”当然，语法错误的句子也不影响交流，懂英语的人一定能听懂。但准确的表达方式我们要知道，毕竟考试的时候错误就是错误，即使考官听懂了，你也还是说错了。不过日常交流的时候即使我们的语言表达不准确，对方也通常会尽量去猜测我们的意思并且尽力协助我们完成有效的交流，所以我们应该尽力整合自己现有的词汇和语法知识去表达，促进沟通的完成。

我在说英语的时候表情和肢体语言是比较丰富的，像前面提到的两球冰淇淋的例子，我只要说了“two”，再指一下那个舀冰淇淋的勺子，或者用手比一下球的形状，店员肯定能明白我的意思。非言语沟通在交流中的作用是至关重要的，当然也离不开交流的背景，如果我不是在冰淇淋店做这个手势，那么和我对话的人就未必能了解我想表达的意思。如果我想买的是其他东西，那么我的手势也会发生相应变化。像在赛百味，我要是不会说某种酱的名字就会指着那个酱料瓶说“that”。在我的英语能力相对有限的时候，各种场合的交流也都勉强完成了，只不过这些交流都不是那么顺畅，经常伴随着手舞足蹈或者手足无措。

我犯过一个特别经典的错误：不会回答否定疑问句或者否定反义疑问句。在杜伦的时候我几乎每天都要坐同一个公司的两路公交车（市中心换乘）从宿舍往返商学院，而且因为总坐这两路车所以基本上跟所有的司机都认识了。公交司机都非常热情，发车之前总跟乘客们聊天。有一天离商学院最近的车站售票机故障，我上车之后司机就问我“The machine doesn’t work, does it?”（那机器不工作了，是吧？）我回答他“Yes”，我想说的是“对（确实是坏了）。”但是用“Yes”回答这句话其实是“Yes, it does”（不，那机器工作）。然后司机说“They’ve fixed it.”（他们把机器修好了）。我回答他“No”，意思是还没修好呢。司机又说“So it isn’t working now, is it?”（所以机器现在不能用，是吧？）。我回答他“Yes”，我想说“对，不能用”，但是“Yes”表示的是“不，机器现在工作呢。”然后司机就满脸困惑停止了跟我的对话。简单的概括一下这个对话就是这样的：司机说“机器坏了吧？”我说“没坏。”司机说“那就是修好了。”我说“没有。”司机说“那还是坏了啊。”我说“没坏。”后来我每次想起这段对话，都替司机感到无奈。我要是他，下次肯定不愿意跟我聊天了。这是一个非常典型的受思维习惯影响语言表达的例子。

有一个经典的笑话，也听说身边真的有同学经历过。我们在超市或者商场购物使用借记卡结账的话，收银员会问一句“Do you want any cash back?”字面意思是说要不要现金返还。不了解情况的人可能就想了，我买东西还有这好事呢，那我当然要啦。接着收银员就会问“How much?”不了解情况的人接着又想了，要多少还听我的，那当然越多越好啦，然后就回一句“As much as possible.”其实“cash back”就是一种小额的提现服务，比如我买东西花了 10 磅，再要 5 磅的“cash back”，银行就会从我的卡上划走 15 磅，然后给我 5 磅的现金，这样如果我没有零钱坐车就不用特意找 ATM 取钱了。

还有一个更好笑的故事是我自己的经历，我在银行柜台取钱的时候柜员问我“How would you like the money?”我当时的英语听力水平不足以让我听清楚柜员说的每个字，所以我只注意到了“how”，“like”和“money”。但我并不紧张，因为我觉得这个问题里的关键词我都听到了，然后就波澜不惊地给出了一个实在的回答“I like it very much.”现在想想我也是真敢说啊。其实柜员问这句话是想知道顾客想要什么面值的现金，有的人可能想要大面值的，比如 20 磅面值的，有的人可能就想要面值小一点的，像 5 磅 10 磅之类的。而我竟然在逐字翻译了“how”，“like”和“money”之后理解为柜员问我对于钱的喜爱程度，离谱。

其实当时我意识到这个问题有点奇怪，但是她用“how”和“like”问我，我也实在想不出别的回答。我没有想到她是在问我面值的问题，当时觉得她可能就是不想在数钱这段时间留空白，所以找了个话题随便聊聊。不知道你们有没有遇到过这种情况，比如逛商场的时候你看上了一双鞋想试一下，商店里的工作人员就会去后面仓库里帮你拿合适的号，其他的工作人员看到了怕你无聊就会过来随便聊两句，比如“你今天衣服搭配得挺好看”之类的。所以我确实没意识到“How would you like the money?”是一个认真的问题。

说到钱我还要分享一件刚去英国的时候特别困扰我的小事，就是分不清英镑硬币的面值，因为那个时候我还没找到英镑硬币的大小、形状和面值之间关系的规律。1 便士和 5 便士的硬币都很小，但是 1 便士是铜色的，5 便士是银色的，5 便士比 1 便士还小一点。2 便士和 10 便士都比较大，2 便士是铜色的，10 便士是银色的。20 便士和 50 便士都不是圆形，是有棱有角的，50 便士个头最大。1 磅和 2 磅的硬币是比较厚的，这两种最容易分辨。每次去超市购物的时候，如果价格是有整有零的，比如 2.87 磅，如果我有 2 磅和 1 磅的硬币，那我肯定给 3 磅；否则我就给收银员 5 磅的纸币然后等他找零。其实我把零钱凑一凑，绝对能凑出 2.87 磅，或者 2.90 磅之类的。但是刚开始我不会凭颜色、大小和形状来辨别硬币面值，只能通过看硬币上的数字来判断面值并计算如何能用我手里的硬币组合成 2.87 磅，这就特别费时间。如果结账口排队的人很多，我就不好意思让后面的人等太久，所以我就给比较整的钱，结果就是我手里全是找回来的硬币。

英语不好的我为了“7.0”付出过哪些努力

因为我要申请的学校对雅思成绩有要求，我第一次认真地觉得必须改变我英语不好的现状。因为我在申请国外大学对综合排名要求比较高，所以学校对语言成绩的要求自然也相对高一些。但我觉得既然我喜欢这个学校，我就一定要尽力考到学校要求的语言成绩，因此我不得不重新报名了雅思考试。我向来不怵考试，反而有点喜欢，不管是不是擅长的科目。尽管我第一次考雅思才得了 5.5 分，而且我英语基础也不好，但我相信自己在按照考试要求进行相应的准备之后，肯定能提高成绩满足学校的要求。

有了第一次考雅思的经验，我就知道自己需要补习的东西很多，不想浪费时间又想快速取得突破，我就准备报个培训班突击一下。于是我就到环球雅思塘沽分校（现天津滨海环球雅思学校）报名参加了一个为期四周的小班培训。我们班好像是个八人班，周一到周五每天上下午各有一个科目的课。我有一些英语基础好的同学当时也在备考雅思，他们没上培训班，自学准备考试，成绩也都挺好的。但是像我这种基础相对薄弱的考生，专业的培训课程帮我节省了很多时间，让我在短时间内掌握了备考的方向，明确了自己基础知识的欠缺，以及复习的优先级。

顺便说一下《剑桥雅思 8》里有一道听力题就考到了“revision priorities”（复习的优先权、优先顺序），说明复习的优先级真的很重要。我之所以也要强调复习的“优先级”，是因为备考的时间有限。我当然知道应该尽可能多地背单词，但是如果我的备考时间只允许我背 1000 个，那我想知道应该先背哪 1000 个。后来我当了老师，我总是建议学生早点开始准备语言考试，尤其是英语基础不太好的考生，不要等到临考前才开始突击背单词和做题。这件事我自己在准备出国的时候做得不好，因为留学的决定是在很短的时间内做出的，所以准备雅思考试的时间不够充分。我给自己规定要在两个月之内把雅思考试拿下，不要把备考的战线拖得过长。我觉得如果频繁地考试又达不到要求，信心会受到打击，人也会非常疲劳，所以我希望得到专业的帮助让我速战速决、事半功倍。熟悉国外大学申请流程的人都知道申请学校需要准备的材料很多，每年九月开始，各大学第二年秋季入学的申请通道就逐渐开放了。除了语言考试成绩，还需要准备个人陈述（personal statement，PS），研究目的陈述（statement of purpose），有些学校有些专业还会要求提交一些英文写作样本（writing samples），我需要把更多的时间用于准备这些材料而不是反复参加考试。

环雅的老师们确实专业，因为他们对考点非常了解，再加上我自己的接受能力也比较强，再经过有针对性的基础知识补充、海量练习巩固课上学的做题方法以及分析错题不断总结经验之后，我逐渐开始能抓住一些具有雅思特色的考点了。在培训结束后的两周左右，我又参加了一次考试，获得了总分 6.5 的成绩（听力 7.0，阅读 7.0，写作 6.0，口语 5.5）。我一般也会建议学生结课后一到两周考试，或者是按照考试时间倒推来安排上课时间。如果结课时间和考试时间间隔太长，中间又没有坚持练习的话，考生在考场上的发挥很有可能不如刚结课的时候。和第一次考试相比，我在听说读写这四个项目上的分数都有提高，其中最明显的是听力，提高了 2 分。这个总分依然不算非常理想，因为还没有达到杜伦大学商学院的语言要求。但是参考我当时的基础能力以及我的备考时间（从开始上课到考试只有一个半月），我对这个阶段的学习成果已经非常满意了。

在拿到 6.5 这个成绩之后我没有立刻报名新的考试，而是分析了一下当时的情况。如果大家把我四个科目的成绩加起来除以四就会发现平均分并不是 6.5 分，而是 6.375 分，成绩单上总分 6.5 我是“占了便宜”的。雅思考试的平均分不是四舍五入，而是以 0.25 和 0.75 为标准来决定是舍还是入的。也就是说如果我想拿到 7 分的话，至少要把平均分考到 6.75，那么这四个科目我一共要提高 1.5 分。我觉得四周的集中培训和培训结束后我自己复习的两周让我的英语基础，包括单词量和语法知识都有了一定提升，也让我对考试的把握度更高，也就是说我意识到了这个考试要考我什么以及我需要怎样准备才能拿到一个差不多的分数。但是由于备考时间短，基础补得不够扎实，如果我想继续提高成绩，比如听力和阅读再提高 0.5 到 1 分，那就必须在词汇和语法这些基础知识方面多下功夫才有可能。这说明对于考生来说，了解考点和练习做题方法固然重要，词汇和语法的基础知识也必须同时补充，这样才能获得更好的成绩。因为曾经有过这样的经验，所以我经常提醒学生学习做题方法和补充基础知识要同步进行，不要等方法掌握了才发现明明能找到答案在哪个位置，但是却因为基础知识准备不足而影响了正确答案的输出。

总分 6.5 这个成绩让我拿到了杜伦大学的有条件录取（conditional offer），条件是读一个月的预备课程（pre-sessional courses），这个预备课程其实相当于为期一个月的语言班（有点像 ESL 和 EAP 课程的结合。ESL：English as a second language。EAP：English for academic purposes）。基于我的词汇语法水平，从总分 6.5 提高到 7.0 只靠学习做题方法肯定是不够的，我需要再多背一些单词也要再巩固和学习一些语法知识。但是当时我没有太多的时间可以用来补习英语基础，所以我决定接受杜伦大学的有条件录取，没有再次参加雅思考试。因为我觉得短时间内就算我再考一次雅思，提高到 7.0 分的可能性也不大，很有可能依然是 6.5 分。

现在回想那一个月的预备课程，我已经很难说出每节课的具体内容了，基本上就是围绕着英语的听说读写这四个方面能力的提升。我印象最深刻的是老师给我们讲了学术写作规范（academic writing conventions）和商科常用的研究方法（比如案例分析“case study”），还让我们自己做一些“presentations”（口头报告，“presentations”在大学这个场景下就是把你自己的研究展示给观众的过程，通常做口头报告的人会以幻灯片为辅助，下文中提到这件事我都直接使用“presentation”这个词）。这些学习内容其实非常重要，因为研究生的课程正式开始之后，教授不会把留学生看作是和本国学生不同的群体，不会因为留学生的母语不是英语而降低对大家学术上的要求。既然我们已经靠自己本科阶段的学习经历和合格的语言考试成绩被这所大学录取，那么学校对我们的学术要求就和每一位本国学生一样。所以我强烈建议第一次出国的留学生，即使语言成绩非常好不需要读语言班，也要上一些和学术写作或者“presentation”有关的课，大学的学术中心都会提供类似的课程。

灵感篇——霍格沃茨的魔法

在上一个故事里，看到了我的“一般”，在这个故事里会有我的“破茧”。

不仅仅是语言技能，更重要的是对英语学习认知的提升。

当时我申请了英国的三所大学，其中的两所在申请当年的年底或者次年年初都给了我录取结果，但是我最想去的杜伦大学（Durham University）却一直没有给我消息。我记得我是一直等到了递交申请材料的转年四月，才终于收到了杜伦大学的录取通知书。

我坚持要等杜伦的录取，因为我非常重视大学的综合排名（杜伦大学2023年QS世界大学排名全球第92，Times英国大学排名第6）。除此以外，我申请杜伦大学的决定在很大程度上也受到电影《哈利波特》的影响，看完《哈利波特》之后谁不希望收到霍格沃茨的录取通知书呢。杜伦大学是英国最古老的大学之一，杜伦大教堂（Durham Cathedral，也可译为达勒姆大教堂）距今已有近一千年的历史，是《哈利波特》电影中方形庭院的取景地，也是杜伦大学开学和毕业典礼的场地。杜伦大学沿用了中世纪的大学管理制度“学院制”（collegiate system），和霍格沃茨魔法学校的管理制度相同。目前英国只有三所延用传统学院制的大学，分别是牛津大学、剑桥大学和杜伦大学。我当时的英语水平是绝对不可能申请到牛津或者剑桥大学的，但是因为我其他方面的条件都符合杜伦的要求，雅思分数也符合有条件录取，所以我觉得被杜伦大学录取还是很有希望的，这也是我最接近霍格沃茨的机会了。

因为杜伦大学是学院制大学，所以新生在申请进入自己想学习的专业之外，还要申请所属的学院。杜伦的每个学院都有自己的院徽和院服，并且负责本院学生除学术以外的一切生活事宜，比如住宿、饮食和一些娱乐生活。我觉得学校里最有特色的就是学生们穿着和魔法师一样的黑袍在像霍格沃茨礼堂一样的餐厅参加正式晚宴（formal dinner）。毕业的时候每位学生的学位证上也会注明其所属的学院。

我的学院是杜伦大学历史最为悠久的“大学学院”（University College），这个学院的录取人数有限能申请到还是挺幸运的。大学学院也叫城堡学院（Castle College），因为这个学院的本科生的住宿被统一安排在一座名副其实的城堡——杜伦城堡里面。杜伦城堡（Durham Castle，也可译为达勒姆城堡）始建于公元 11 世纪，自 1837 年这座城堡便开始为杜伦大学的学生提供住宿、饮食、图书馆等一系列生活场所。因为我是研究生，所以我的宿舍并没有被安排在城堡里，但是因为我有城堡学院的成员资格（membership），所以我可以随时进入城堡内的公共休息室（common room），“membership”也让我拥有了参加学院的正式晚宴以及使用其他设施的资格。我所在的学院是杜伦大学的黑袍学院之一，也就是说学校的重要活动场合以及正式晚宴，学生是必须穿黑袍的，大家可以脑补一下《哈利波特》电影里的场景。多说一句“dinner”这个词，原来我以为这个词就是不可数名词，比如晚饭吃了什么（have something for dinner）不需要加冠词。但是当“dinner”指的是一个比较特别的、正式的场合的晚宴，有特定目的的时候，这个词是可数的。

在杜伦，每个学院都有自己的院徽（official blazon）和箴言（motto），学生可以购买或定制印有自己学院院徽的衣服和其他用品。我有一件正面绣着院徽和我自己名字的卫衣，背面绣着学院的名字，穿上这样的衣服立刻就会对自己的学院有强烈的认同和归属感。我们学院拉丁语版本的箴言是“Non nobis solum”，英文翻译是“Not for ourselves alone”，中文意思就是人们除了自己的利益之外，也要为人类共同的利益做出贡献。我的专业所属学院（这里指的是学术上的学院）是商学院（Business School）。我在杜伦大学获得的学位是文学硕士（Master of Arts，M.A.）市场营销（Marketing）专业。很多人听到文学硕士这个说法的时候以为这个专业和文学艺术的文学相关，其实不是。文学硕士中的“文学”不是我们平时常说的一种语言艺术的形式，像小说或者散文之类，而是人文科学的意思，或者叫人文学，和理学硕士（Master of Science，M.Sc.）是相对的。如果把 M.A. 称为文科硕士可能更好理解一点，但是教育部留学服务中心在国外学历学位认证书上对 M.A. 的官方翻译是文学硕士。

“6.5”的我磕磕绊绊的留学生活

在到达杜伦之后我立刻发现获得雅思 6.5 分距离成为一名合格的研究生相差很远。首先，我的 6.5 分并不代表我的实力，而是我通过临阵磨枪提高的成绩，也就是说有些听力题虽然做对了，但我其实没完全听懂文章；有些阅读题虽然做对了，但我也没完全读懂文章。可是真正在国外的大学上课、写论文的时候，就必须具有实打实的能力。其次，即使是凭实力得到 6.5 或 7 分，可能生活上的事情能处理得差不多，但是学习上的问题也不是那么容易搞定。不要说每周的阅读材料多到去图书馆一趟都搬不回来，作业方面我更是没有写过篇幅那么长的英文论文的经验，连参考文献格式都搞不清楚。做小组作业的时候不知道怎么和其他同学合作，怕拖组员后腿不敢发表自己的见解。讨论课上也没勇气发言，就怕说错了被同学笑话。凭实力考到雅思 6.5 或 7 分的同学出国之后肯定也或多或少地遇到上述这些我曾经遇到过的问题。

接着说我自己，我一个实力不足 6.5 分的留学生到了英国之后遇到的不单是学术类问题，连生活中的问题我都解决得磕磕绊绊的。

先说说刚到英国的时候遇到的第一个挑战：我在到达机场后取行李的时候发现我托运的两件行李只到了一件。我的行程是从北京经伦敦转机飞纽卡斯尔，在北京机场我一共托运了两个行李箱。因为第一程航班晚点，我在伦敦机场入关后一路跑到转机的登机口。结果我人虽然跑到了，两件托运行李中的一件却没有跟着我上飞机。到达纽卡机场之后，行李转盘上的箱子都被乘客们陆续取走了，我等到转盘都空了也只等到了我的一个行李箱。这种情况其实也不是什么大事，通常遗落的行李都会随着下一班伦敦到纽卡的飞机过来，我只需要在机场到达处负责托运行李的柜台和工作人员报失即可。具体流程就是填一个表，留下我的手机号和地址，等行李到达纽卡机场之后会有专门的工作人员把行李送到我的住处。这件事如果是在发生在国内的机场那根本不值一提，可那时候是我第一次去英国。我填完表，然后说着蹩脚的英语（broken English）把表交给机场工作人员的时候，心里真的很紧张，那是我第一次在非考试的场合说英语，也是第一次我在实际生活中使用英语。在向工作人员开口之前，我先打了好几遍腹稿，但依然抑制不住忐忑的心情，因为我不知道工作人员会如何回答我，我能不能听得懂，毕竟对话一旦开始我就没办法提前准备对话的内容了。

虽然我知道就算我英语说得不好或者有一些语法错误，工作人员也不会嘲笑我，但是紧张的心情就是会一直持续到对话完成。这种怕犯错、不敢开口的心理其实是在语言学习过程中阻碍学习者进步的重要原因之一，永远怕犯错，永远不敢说，那就很难提高。但是当时的情况就算我再不想开口，我也必须鼓足勇气去和工作人员做必要的交流，不然我那一箱东西怎么办。所以我觉得人们经常说的有了说英语的环境进步会比较快，必须面对这种不得不开口说英语的状况就是其中一个重要原因。真遇到这种情况，再怕犯错也会硬着头皮去说英语了。

还有一件发生在我到杜伦不久的小事让我印象深刻。不知道是水土不服还是过敏，我身上起了一些红疹。因为留学生都在学校的健康中心注册过，所以看病的时候需要先打电话到健康中心和医生预约，然后再按照约定好的时间去医生的诊室就诊。当时我的口语很不好，而且因为自卑也不愿意开口，所以打电话对我来说更是难上加难。因为和面对面沟通相比，打电话的时候没有办法通过对方的表情和肢体动作来辅助理解需要沟通的内容。还有一点很重要的是，当我听不懂对方在说什么的时候我肯定会提问，但是通常对方解释之后我可能依然无法正确理解他们要表达的内容。为了打这个电话，我查了两天的词典，把各种可能用到的词汇都写在笔记本上，又标注了中文和音标，可是我还是没有鼓起勇气拨通健康中心的电话。这件事的结果是过了几天之后我身上所有的红疹都消失了，我也松了一口气。和丢行李那件事相比，这次就没严重到必须开口的地步，所以我选择了回避，没有突破自己的心理障碍。

打电话这件事一直是我的心理障碍，如果我有一个手机套餐方面的问题，我宁可跑到运营商的店里去面对面的询问工作人员，发邮件或者找在线客服也绝对不会打电话。同样地，如果我有一个银行账户方面的问题，我会直接去离我最近的银行柜台当面询问工作人员。我觉得当对话者是同一个人的情况下，面对面沟通比打电话要简单得多，直到现在我还是这样的习惯。如果对方口音比较重，面对面的交流我觉得没什么问题，但是打电话的时候就会觉得听着费劲，得精力特别集中，不能轻松对话。

杜伦大学几乎占据了整个杜伦郡，这里的人非常友好，公交车司机会跟我聊家常，去超市买菜的时候会碰到拉住我讲冷笑话的爷爷，每天走在路上都有不认识的人主动跟我打招呼。当地人的口音是比较典型的英格兰东北部口音，刚到那的时候确实听着费劲，但是口音并不是最大的障碍，只是需要经过一段时间的适应，慢慢熟悉他们的发音方式就好了。学校里老师们的口音也各不相同，有些老师的口音是标准发音（received pronunciation，RP），就是我们平时说的 BBC 发音，牛津和剑桥等地区的口音都很接近 RP，这种发音和标准英式口音（General British accent）在我听来很相似，但是熟悉英音的人还是能听出某些单词在发音位置上的区别。给我们上课的教授讲英语的时候带有世界各地的口音，比如有位老师的口音我适应了三四节课才能基本跟得上节奏，最初的两节课可能连一半都没听懂。

我说英语的口音还是挺重的。不过根据经验，如果词汇语法使用准确，口音对沟通的影响并不大。但是有时候口音会影响我对某些单词发音的准确度，这种情况的确会影响对方理解我想表达的意思。但是如果对方表示没有理解我在说什么，我会再换其他的表达方法来解释。开始在国外大学上课之后我就理解了雅思听力的录音为什么要设计成各种口音，除了英音和美音之外，还有澳大利亚口音、亚洲口音等，这也是为了还原真实的国际化课堂，不过考试中的口音和真实生活中人们的口音相比真的是小巫见大巫。虽然雅思听力没有囊括所有在国外可能遇到的口音，但是至少提示了考生要对海外学习的语言环境做好准备。多听不同口音的英文，比较母语不同的人对同一个单词的发音，是非常有效的提高听力的途径。

除了在正式开学前的预备课程上学到了一些学术写作的规范外，我在杜伦就没有参加过其他的论文辅导课了。本科期间我用英文写过的学术性文章仅限于学年论文和毕业论文的摘要，可是在杜伦的时候动不动就要写几千字的英文论文，真的是难倒我了。因为自己有这样的经验，所以我经常提醒我的学生们在准备语言考试的同时不要忽略准备论文写作。尤其是随着出国留学低龄化，越来越多的学生出国读本科，写论文对他们来说难度更大。虽然我第一次留学的时候也没有写英文论文的经验，但毕竟我还写过中文论文，也读过学术专著和期刊，了解论文的结构和研究方法。如果是高中生，没什么读写中文论文的经验，也不太熟悉做研究的过程，进入大学之后马上就要从一两千字的短论文（一般是 essay）写起，和我当时的情况相比，可能会感觉更困难。

我之所以建议考生在准备语言考试的时候同时准备学术论文写作的相关知识是有依据的。就拿雅思来说，虽然是语言类考试，目的在于考查语言水平而不是专业知识，但是如果考生具备和写论文相关的背景知识的话，会提高做题的正确率。比如说《剑桥英语 6》听力 Test 3 Section 3 的第 22 和 23 题，题目是这样的：

22. The method the students must use to collect data is _________.
23. In total, the students must interview ________ people.

如果考生具备一些和研究方法有关的知识，并且在听录音之前认真读题，就可以从 23 题的“interview”（采访）这个词看出 23 题题目对 22 题的提示，因为采访法（或者叫访谈法）就是一种常见的收集数据（collecting data）的方法（method）。但是如果 22 题的答案就是“interview”的话又太简单了，“interview”这个词已经写在 23 题的题干里了，如果再作为答案词就无法考查学生捕捉信息的能力以及拼写了。那既然 22 题的答案应该和“interview”相关，又不能直接是“interview”，最有可能的就是某一种具体的访谈方法，比如面对面访谈（face to face interview）、电话访谈（telephone interview）或者焦点小组访谈（focus group），而这道题的正确答案确实就是这几组词中的一组。

访谈法并不限于以上几种，但是这几个词比较像是会出现在雅思听力填空题里的答案词。当然，考生在有限的读题时间里能想到这些除了需要有背景知识，还需要对考试本身的特点有一定了解。但是了解研究方法的考生，起码可以在录音结束整理答案的时候根据自己的背景知识分析一下可能的答案。雅思听力考试中答错是不会倒扣分的，所以考生即使没听到答案，也可以用一个有可能作为答案的词来碰运气。如果考生听到了这道题的答案，也可以根据背景知识验证一下听到的词是不是恰当。而且有背景知识的考生可以在读题的时候做出预判，这样捕捉到答案的概率也会增加。所以说考生准备了和研究方法有关的背景知识之后，既有可能提高语言类考试的正确率，也能在出国之后更顺利地完成论文以及其他学术类活动。

可惜我当时没有这个觉悟，没有利用准备雅思考试的时间提升自己的英文学术能力，以至于我在杜伦的学习情况是我众多求学生涯中最不成功的一段。虽然我还是完成了学业，拿到了学位，但是我学习生涯绝无仅有的一次重修（resit）发生在这段学习过程中。而且就算是我通过的科目，包括必修课和选修课，除了以考试结课的科目（比如经济与会计学，有一些计算题）我的成绩是65分（50分及格，70分优秀），论文结课的科目除了消费者行为学（65分）和社会营销（66分）之外，其余的课程都是50多分。

我觉得成绩不好的主要原因就是我的英语水平影响了我阅读和理解学术文献的能力，而理解不充分又进而影响了我的学术写作能力。尽管这段学习经历在我看来并不成功，但是坦然面对这种不成功，并践行新的学习行为，是提升认知的重要机会。从积极的方面看，这一段留学经历对我的英语学习来说是一个非常重要的转折点，因为在这一年多的时间里我对自己曾经的英语学习经历进行了深刻的反思，也对英语基础不好的留学生会遇到的学习和生活上的困难及解决办法进行了深度思考，尤其是对雅思为什么要这样考，怎样准备才更有效收获了一些心得。从杜伦毕业回国后我做了一个很多人都觉得不可思议，甚至是不太明智的决定：成为雅思老师。家人和朋友是这样劝我的：本科和研究生阶段一直学的都是商科，如果不做和自己专业相关的工作，浪费了学习这些专业知识的时间；在没有教育学和语言学的学术背景的情况下想找一份雅思培训的工作不容易，我没有明显的优势。

从杜伦毕业之后我重新考了雅思，听力和阅读考了8.0分和8.5分，但是写作和口语分数依然一般。说压力不大那是假的，我怕学生觉得我水平不够。不过我选择做雅思老师并不是一时冲动，之所以选择进入英语培训行业有很多原因。首先，我在国外学习生活之后觉得曾经令我纠结的雅思考试其实并不像想象中那么难，我指的是得到一个国外大学普遍能接受的分数（6.5 ~ 7.0分）并不难，不包括那些对语言成绩要求非常高的专业和学校，我的成绩说明我的经验是有效的；第二，我意识到了获得语言考试的理想分数和真正融入国外学习生活之间的差距，并且对于如何去弥补这样的差距有一些实际探索。所以我的学生不仅能提高成绩，在出国之后也能更顺利融入新生活。我做老师的初衷就是把我的经验分享给和我一样需要通过雅思考试到国外上学的学生，尤其是英语基础不太好，或者对英语学习没有信心的学生。留学生在刚出国的时候本来就要适应陌生的环境，如果语言能力不好，会觉得非常孤独和无助。我希望能帮助他们提高成绩的同时也真正为他们国外的学习生活做好准备，让他们不会因为口语不好，生病了也不好意思打电话预约医生；让他们不会因为听力不好，上课的时候都不知道该怎么记笔记；让他们不会因为阅读和写作不好，在以论文结课的科目上都得不到高分。

我在教了几年雅思之后，也开始教托福听力和阅读。我读了教育学硕士之后也开始从事国外高中英语课（English Language Arts），商科及教育学的学术写作（Academic Writing）等课程的教学及教研工作。我曾经想过要不要做一段时间的语言培训，把能分享的经验都分享给学生之后就回归市场学方向，其实直到现在我依然对市场分析类的工作非常感兴趣。但从我进入这行到现在已经过去 13 年了，我非但没有离开教育行业，反而对教育学的领域进行更深刻的钻研，也有越来越多的心得想要分享给更多的英语学习者和英语教师，当初入行的时候我倒是真没想这么多。

出国之后回头看，恍然大悟雅思为什么要这样考

在杜伦学习生活期间我逐渐发现雅思考试其实反映出学生在英语国家的学习和生活的特点，比如听力第一部分的生活场景中常考的银行开户事宜，其实是留学生在海外生活的时候必须面对的问题。通过自己到银行办理各项事务，我开始认识到生活在一个母语为英语的国家，除了语言本身之外，背景知识也同样辅助着我们的生活，如果一个留学生在国内的银行办理过相关业务，那么到了一个陌生的国家即使语言能力没有特别好，也能基本顺利走完开户、填表这些流程。就像雅思考试一样，背景知识很有可能帮助我们在语言有障碍的情况下依然能完成任务（我指的是把题做对）。

雅思听力场景都是基于真实生活设计的，在海外生活需要了解的知识其实在试题中都有不同程度的体现。我印象比较深刻的有这样一篇听力，场景就是关于银行开户，其中有一道题目对应的原文（非答案部分）涉及到了妈妈婚前姓氏（maiden name）这个概念。很多考生可能对这个概念有些陌生，因为他们很少在生活中遇到身边的女性结婚后把姓改成丈夫的姓或者把两人的姓组合起来变成一个新的姓氏的例子。但是这个概念并不是凭空设计在试题中的，我在加拿大办理社保号（social insurance number）填表的时候，家庭成员信息其中有一项就是填写“mother’s maiden name”。对于中国学生来说，妈妈婚后没有改姓，那么这一项其实填的就是妈妈自己的姓氏。

这就说明了雅思考试中出现的内容其实是海外学习生活的缩影，考生可以通过备考让自己提前了解和适应海外生活，但是不了解国外生活的考生很有可能因为这部分内容没有作为答案词而忽略了这个知识点。我当时在填表的时候把“maiden name”看成了“middle name”（中间名），所以这一项我就空着了，因为我们的名字里也没有中间名这个概念。工作人员在检查我填的表格的时候跟我说，如果妈妈婚后没有改姓的话，那么“maiden name”就是填她本来的姓。这时候我才恍然大悟，就自言自语了一句：原来让填的是“maiden name”不是“middle name”啊。工作人员听到之后告诉我经常有人把这一项看成“middle name”。从我在雅思真题中遇到“maiden name”这个知识点，到我真正在生活中应用它，中间隔了好多年。

因为有过这样的经历，所以我在教雅思听力的时候会利用听力原文给学生进行海外生活常识的补充，包括不在考点位置的内容，我也会结合生活经验为学生分享。当学生了解到他们准备语言考试的内容和未来的海外生活非常贴合，准备语言考试其实也是在准备未来真正的海外生活的时候，他们学习的主动性就会提高，学习效率也会随之增加，因为他们看到了学习的意义。

对账单（bank statement）也是银行场景中常见的考点，主要是因为对账单真的是非常重要的文件，除了用于核对每个月收支款项以及余额之外，也是学生在留学国家办理续签或者前往其他国家签证的时候必须提供的文件之一。我在英国学习期间曾经两次申请欧洲国家的申根签证，一次是参加商学院组织的游学活动，另外一次是和朋友一起旅游，每次提交材料的时候都需要附上银行账户的对账单。

对账单有纸质和电子的两种，纸质对账单一般是通过邮寄方式寄到账户持有人的账单地址，这就是为什么地址和邮编也是雅思听力中常见的考点。从题目设置的角度来看，有时候录音中会出现账户持有人的两个地址（曾经的住址和当前的住址），通过给出一个迷惑答案来混淆视听。从实际生活的角度来看，这也在提示考生搬家后要记得到银行或者在网上银行更新自己的账单地址。纸质对账单一般会以月为单位寄给账户持有人，如果选择电子对账单，那么账户持有人可以随时登录网上银行或者手机银行，选择时间区间来查看账单。如果选择网申的话，也可以把电子对账单以 PDF 文件的格式下载下来，但是在办理签证等事宜的时候，还是需要到银行打印一份纸质对账单。

提到银行业务，大家不免先想到开户（open a bank account），毕竟它是办理其他业务的前提。在开户这个考点中，考生需要了解常见的账户名称，比如活期存款账户（checking account），储蓄存款账户（savings account）和联名账户（joint account）等，《剑桥雅思6》中还考到了“Select Account”，需要考生填的是“select”这个词。在办理银行业务的时候不免和钱打交道，所以数字也是这个场景的高频考点，比如有些银行要求一个开户额（opening sum）也就是在开户的时候要存入一定的金额。

考生在海外可能还会遇到存（deposit）取（withdraw）款、换（exchange）外币（foreign currency）、开汇票（money order）等业务。当汇票大于一定金额时，就不叫“money order”了，而叫做“bank draft”。我在加拿大上学的时候付房租使用的是“money order”，这种汇票的特点就是在开出的那一瞬间，钱就已经从我的账上划走了，所以每次银行的工作人员都会提醒我一定要把汇票放好，因为它等同于现金。在银行开出“money order”之后，我再将其交给我租房的管理公司的工作人员留作凭证就可以了。

住宿场景中的租房也是雅思听力第一部分的极高频场景，主要是因为不选择住宿舍的留学生都要面临租房或者住寄宿家庭的问题（租房和寄宿家庭两个话题有很多考点都很相似，但是也有一些区别）。很多雅思考生年龄小，备考时还没有自己租房的经历，所以不太了解在租房的时候需要准备什么材料，办理哪些手续，那么就有可能对于这个场景涵盖的考点词及背景知识准备不充分。备考这个话题其实也不难，只要把租房的流程从头到尾走一遍就很清楚了。

首先，租房人得先考虑是和房东（“landlord” or “landlady”直接租房，还是通过房屋中介（real estate agents）来租。其实并不是所有的房屋中介都提供租房的服务（有些房屋中介公司主要从事房屋买卖的工作），具体情况可以到中介公司的网站查询或者直接到门店向工作人员当面询问。接下来就要选择租房地点（location）了，有的人想住得离市中心或学校近一些，有的人想住得稍微偏远一些，和地点同时考虑的就是交通（transportation）的问题，比如乘坐公交地铁是否方便等的。选好了具体地点之后就要考虑房型结构了，想租一个单人间还是想和同学朋友一起合租一个多人间，需不需要有厨房（kitchen），能不能接受共用卫生间（shared bathroom）等。

房屋里的家具（furniture）和设施（facilities）也是租客们（tenants）的重要考量内容，最基础的家具就是床、柜子、桌椅等，设施一般指的是一些家用电器（household appliances），像空调、烤箱、微波炉等。如果对房子满意，下一步就要谈租金问题了，租金是月付还是季付，押金（deposit）怎么付，租期满后押金以什么方式退还，这些信息都需要了解清楚。房东有时候会对租客提一些要求，比如有些房东不允许租客养宠物，有些房东不允许租客带朋友回来过夜等。

我在杜伦住的是宿舍（“dormitory”or“hall of residence”），学校的宿舍提供的设施相对租房来说是比较固定的，所以比租房要省事一些。我住的宿舍类型叫做“en-suite”（带卫生间的卧室），这个词在酒店里是套房的意思，在指学校宿舍类型的时候意思是：多个单人间在同一单元内，有公用的厨房和客厅，每个单人间内都有独立卫生间。住宿舍通常还有一件事要考虑，那就是怎么解决吃饭的问题。杜伦大学是学院制的，除了住宿之外，餐食也归学院负责。杜伦的某些学院是自供伙食的（self-catering），有些学院是包餐的（catered），有些学院有不同的选项供学生选择。我所在的学院本科生可选择包餐或者自供伙食，研究生只有自供伙食这一个选项，所以研究生宿舍都有共用的厨房，大部分时间我都自己做饭，特别忙的时候就买点可以用烤箱加热的速冻食品。

我在加拿大的同学大部分都是租房住的。加拿大的大学也为研究生提供宿舍，但是宿舍名额有限，并不是所有人都能申请到。我当时是等签证下来才开始联系学校的宿舍，结果宿舍在入学前已经没有位置了。有的学生会把自己的名字登记在等待名单上排队，我是直接放弃了申请宿舍的打算。如果有小伙伴想申请住宿舍的话，那一定要在拿到学校录取之后就立刻向学校申请。

我在加拿大租过一间公寓（apartment），它的产权是一个管理公司，我租的房型叫做“Bachelor”，也就是租房合同（tenancy agreement）上的“rented premises”，这一项指的就是我租的房型是什么。这种房型包括一个单人房间，一个开放厨房和一个卫生间。学生租房的时候需要向管理公司提供的材料非常简单，包括护照的复印件，学校的注册证明（registration letter），银行的对账单，还有就是押金，交押金可以使用支票（checks）也可以使用上文提到过的“money order”。租期满后，经检查房屋内设施没有任何损坏，管理公司就会把押金以支票的形式退给租客。租房这件事按流程捋过一遍之后各个考点就都清楚了，租房之所能够成为雅思听力考试的高频场景，主要是因为这件事对留学生来说真的很重要，这个场景中可能遇到的词都是生活中常见的物品。考生能在这个考点上得高分并不是最终目的，而能够通过准备考试为将来出国租房做好准备才是学习这个场景真正的收获。毕竟如果住得不顺心，肯定会影响学习效率。

住宿这个考点也可以体现在旅游场景中，旅游中的住宿形式最常见的就是饭店（hotels），有时候也会涉及到酒店中的房型，比如套房“suites”（注意和 suit 发音的区别），既然是套房，那就是“a set of rooms”。有些常见的错误也是值得在备考的时候注意的，当听力录音中出现“hostel”（旅社 / 招待所）这个词的时候，有些考生会认为它和“hotel”是同一个词；当录音里出现“lodge”或者“cottage”（均可指度假时住的小屋）这些旅行中可能出现的住宿形式时，考生可能会由于只听到了发音但是不能快速反应过来是哪个词而无法拼写。

不仅是住宿，衣食住行的各方面都是雅思听力第一部分常考的生活场景，但是生活并不总是一帆风顺的，有时候难免也会遇到一些令人郁闷的事，那么考生也需要准备类似的场景以做到有备无患。像看病场景和保险理赔场景都是雅思听力第一部分的高频场景。我在备考的时候，我的听力老师给我们总结了看病场景的考点词，但是由于我在备考阶段没有做过和这个场景有关的真题，考试的时候也刚好没有遇到这个场景，所以没有重视准备这个场景需要的词汇和表达方式。直到真的需要看病的时候才发现，即使不是为了考试，也应该把这个话题列入出国前准备的清单。不过，我还是希望大家身体健康，没有真正用到和看病相关的场景词汇和背景知识的需求。在之后的“高效利用雅思备考时间为留学生活做准备”一节中，我会更详细地分享场景词汇和背景知识的积累方法。

雅思听力的学术场景部分包括课外学术和课上学术，其中课外学术部分其实就是在校园里发生的除了上课以外的事儿。比如上文我列举的《剑桥雅思 6》听力的例子，“interview”那道题，涉及多种研究方法（research methods），录音中出现了问卷调查法（questionnaire）、观察法（observation）以及本题答案词：电话采访（telephone interview）。这几种研究方法确实是市场学专业的学生做实证研究（empirical studies）的时候最常用的几种研究方法，我和我的同学们在写毕业论文（dissertation）的时候都选用了其中一种或几种。像这样的考题如果在考生已经做过研究写过论文之后遇到，那么不用听录音都能把答案写得差不多。这就说明雅思考题反映出的背景知识都是真实的。如果有些考生在国内读高中或者本科期间没有接触过实证研究方法，那么我的建议是除了利用雅思真题学习一些新的词汇之外，同时也补充一下和研究方法有关的知识。虽然雅思的目的并不是考查专业知识，但是如果考生具备某话题的专业知识，对理解文章和做题一定是有所助益的，而且也会对未来的学习生活有帮助，总的宗旨就是要把雅思的备考过程当成准备未来留学生活的过程。

雅思听力第四部分的考法非常接近上课时候的听课状态。因为第四部分的录音是一个学术话题的讲座，考生不管是做填空题还是选择题，本质都是一个寻找文章中重点内容并记录下来的过程。虽然这部分涉及的主题非常广泛，天文地理或文艺体育，但是上文中我提到了雅思作为语言类考试重点在于测试考生的语言水平而不是专业知识，所以不管考生本来学的是什么专业，或者擅长什么科目，都不会对考试有影响。

既然如此，是不是话题本身并不重要？其实不是。如果考生对话题有一定的了解，那么在听录音的过程中就更容易记下有效的信息。记笔记其实是一项很重要的学术能力，在大学上课的时候哪个学生能不记笔记呢？记过笔记的人肯定都知道要记出一份好的笔记离不开主动思考，如果只是机械地把老师说的话记下来，或者单纯地把黑板上的字抄下来，那么复习的时候就会发现这个笔记跟没有一样。同样的道理，做雅思听力题的时候如果没有主动思考的过程，那么记笔记的效果也不会理想。如果考生对于要听的内容一点儿都不了解，他们就没有办法在听的过程中主动思考，这个道理既适用于课堂上，也同样适用于考试过程中。

雅思阅读其实也是大学学术生活的缩影，有的考生不理解为什么阅读的文章那么长，题量那么大，我备考的时候也有过同样的疑惑。等我真的开始留学才知道，雅思阅读的文章并不算长。虽然我第一次留学的专业是商科，阅读量也一点不比纯文科少。研究生在学期间要大量阅读专业书籍和学术期刊，没有快速阅读和信息检索能力做基础，很难开展自己的研究。通过大量的阅读来获取知识，并深入思考问题，是培养逻辑思维最好的方式之一，而逻辑思维能力对于学术写作而言是至关重要的能力。雅思阅读的篇幅和题量其实已经提示了考生信息检索能力的重要性，如果能在备考雅思的过程中培养出快速阅读能力，那么考生在之后的学习生活中肯定会觉得受益匪浅。因为教授布置的阅读任务如果想在有限的时间里逐字逐句读完几乎不可能，而且在写论文的时候学生通常还要再查找和阅读很多篇和自己的研究相关的文献，所以具备快速检索信息的能力有助于提高学习效率。我都是通过读论文摘要来判断每一篇文章的哪些部分是需要精读的，哪些部分是可以略读带过的，然后再找到精读的部分逐句快速阅读并记好笔记。

阅读的过程中记笔记也是一项很重要的学术能力，有的学生说“不是听课的时候才需要记笔记么？”，其实阅读文献的时候记笔记的重要性不亚于听课。就我自己的经验而言，边阅读边记笔记可以让我更好地集中精力，由于我的思维比较跳跃，阅读的时候容易联想到别的事情，记笔记可以让我更好地把注意力集中在需要阅读的材料上。另外，记笔记是一个思考的过程，我并不是把书上或者期刊文献上的内容照抄到笔记本上，而是把读到的内容在头脑中进行了整理和筛选，再组织成自己的语言记下来。

更重要的是，在我写论文的时候需要参考读过的文献，根据笔记内容可以有效地进行释义（paraphrasing：比如我要引用某位学者的观点，我会用自己的话把这位学者的观点转述出来，并标明观点的来源）。如果我写论文的时候一直盯着原文献看，就容易脱离不开作者措辞的方式，写成和原作者差不多的句式。

笔记可以帮助我有效地对读过的资料进行回顾，很多文章不可能读一遍就完全掌握，通过笔记可以快速检索到需要复习的内容。大家一定要注意的是，在记笔记的时候标记好作者姓名和发表时间，如果同一个作者同一年发表多篇文献，那还要标记好文章名，不然往回找的时候会很麻烦。在考雅思阅读的时候，我不建议用写的方式记笔记，因为太浪费时间。但是基本上所有的考生都会在原文和题目里画一些符号，比如圈出题目里用来定位的词，划一划考点词。习惯于先做完所有题最后再誊写答案的考生可能会先在文中把填空题答案划出来，旁边标一个题号，然后接着做下面的题，我就是这种习惯。这些圈圈划划的动作其实和记笔记一样，都是在帮助我们把注意力集中在需要阅读的文本上，促进我们边读边思考，避免那种看上去好像在阅读，但其实什么内容也没进到脑子里的情况发生。

我进入英语培训行业之后才开始接触托福，托福和雅思很相似的地方在于考生可以在备考的过程中学到很多不同学科的知识。我自己在准备雅思考试之前没怎么读过什么天文学（astronomy）方面的书，但是在备考过程和之后的备课过程中发现天文学是雅思阅读和托福听力、托福阅读的高频场景。在做托福真题的过程中我学到了波德定律（Bode’s Law）和小行星带（asteroid belt），太阳黑子（sunspots）和地球磁场（geomagnetic field），彗星（comets）的周期性轨道等天文知识。虽然这些知识和我的专业并不直接相关，但是能在学语言的过程中顺便学到其他学科的知识也算是一举两得，我觉得占了好大的便宜。而且利用目标语言（target language）去获取知识也使学习语言的过程更加高效。试题中场景相似的文章中会有很多重复的词汇，这些词汇就是高频场景词，比如天文学的很多文章中都会出现行星（planets）、星系（galaxies）和天体（celestial bodies）等，也就是说在备考天文学的时候如果能掌握这些高频场景词，就更有可能理解文章或者提高做题的正确率。虽然我不擅长背单词，但是在同一类话题的文章中反复遇到相同的高频词能帮助我自然而然地加深对这些词的印象，从而达到不需要刻意去背，但是在下一次遇到同样话题的文章中见到这些词的时候能直接认出来的效果。

雅思写作 A 类的小作文看似简单，其实是在培养考生客观描述图表和统计数据的能力，在描述的过程中还要注意段落之间的连贯性。缺乏这些能力不仅影响雅思写作的分数，也可能导致考生进入国外大学之后在学术写作的过程中遇到困难。以我自己学习的商科类专业为例，我平时读的管理学相关的专著和文献里经常会出现和雅思 A 类小作文相似的饼图、柱状图和折线图等。即使是后来我主攻的教育学领域，也不免要在做实证性研究的时候把研究结果的统计数据归纳起来写到论文里，这个过程叫“report statistics”，更不要说理工科专业的学生要在实验报告中进行多少次类似的实验过程描述和结果数据记录。所以考生准备雅思小作文的过程也是在为将来写自己专业的论文打下基础。在我学“组织行为学”这门课的时候，老师指定的教材是斯蒂芬·罗宾斯（Stephen Robbins）的 *Organizational Behavior*，在这本书里有很多章节都有和文字匹配的图表。我没有找到当时我读的版本，但是我找到了 *Robbins and Judge*（2018）的版本。在第一章里对比有效的管理者和成功的管理者的时候，作者就使用了一组饼图把这两类管理者进行的各项管理活动的时间分配比例用不同颜色的扇形体现出现，这类图表是雅思小作文的重要考查类型之一。所以说学会读这类图上的信息以及学会自己准确描述图表信息就是在为将来的学习打下基础。

雅思写作 G 类小作文是书信形式，虽然现在手写书信交流没有那么广泛了，但是很多人在工作场合都需要收发邮件。思培考试（CELPIP）写作部分的第一篇就是写邮件，内容和雅思 G 类小作文大同小异。因为 G 类考试的考生和思培考生基本上都是要移民的人，这些人正在国外工作或者想在国外找到工作并且长期生活，那么他们日常需要写作的内容就和想要留学的学生不同。他们不一定需要分析图表数据，但在生活和工作中一定要会询问、会投诉、会建议、会感谢等，其实就是要能完成生活和工作中最基本的交流。

雅思写作大作文的高频话题涉及社会类、教育类、政府类和科技类等。主要文体之一是议论型（argumentation），这种文体主要考查的是考生分析题目给出观点的能力，考生要选择是支持、反对或者部分支持题目的观点，清晰地表达自己的观点以及给出支持或反对题目观点的理由。另一种常考的文体是报告型（report），这种题型的题目中不会给出观点，而是给出一种现象，考生需要分析产生这种现象的原因，讨论现象产生的影响以及提出应对措施等。想在这两种主要的题型上拿到高分所需要的能力刚好也都是完成学术写作的必要能力。不管考生未来读什么专业，能够以清晰的逻辑结构准确地表达自己的观点都是考生是否能顺利完成留学生活，或者要求再高一点，以优异的成绩完成留学生活的重要条件。我自己在备考雅思的时候并不清楚为什么大作文要这样考，但是后来我开始在国外教一些高中英语课程之后，对雅思的大作文就有了更清晰的认识。国外英语课大纲里有很重要的一项教学内容，就是教学生如何写论文（essays），这种文体可以是议论文，也可以是说明文，高中生申请大学的时候也经常需要向大学提交申请论文（admission essays, application essays）。国外的学生从初中阶段就开始接触五段式的“essays”，到了高中阶段很多作业都是通过写“essays”来完成了。

有一次我给一个加拿大 11 年级的学生做英语课的课外辅导，这个学生的英语老师在某节诗歌专题的课上给大家选了三首不同主题的诗歌,讲解了诗歌的主要内容和修辞手法。课后作业要求学生任选其中一首诗歌，写一篇和此诗歌主题有关的 1000 字左右的研究小论文（research essay）。学生首先要根据诗歌主题，搜索诗歌中提到的史实相关资料进行阅读，然后给出自己的观点和中心思想（thesis statement），接下来分段进行论述，并使用自己搜索到的资料支持自己提出的观点。

给这个学生辅导完作业之后，我对于考生在雅思大作文的逻辑连贯性问题有了更深刻的体会。在学生交给我的第一稿里，她的“thesis statement”和论文主体里每段的论点都不一致，每一段论点的展开都可以用四个字形容——随心所欲。其实这个学生的词汇语法水平还可以，但是她的这篇小论文让我反思了自己的雅思大作文，好像也是想起什么写什么，逻辑方面的分肯定不变高。

写作其实是一种非常有效的训练批判性思维的方式，在校期间重视提高论文写作能力对工作也有帮助，因为工作中，写作依然是一种非常重要的能力和交流方式，利用在学校的时间提高写作能力其实也是为将来的工作做好准备。工作中即使是写一封简单的邮件或是一篇会议纪要，都可能影响同事、领导和客户对我们工作能力的印象，而且能否在工作中清晰地阐明自己的观点会直接影响整个团队的工作效率。

雅思口语考试时间一般只有 15 分钟左右，对于英语非常好的考生来说，口语考试很像是在和考官聊天。但是像我这样在第一次考试之前几乎没和外国人说过话的考生来说，在考场门口等待的时候很容易紧张到大脑一片空白。开考之后随着和考官交流的推进，紧张的心情会稍微放松一点，但是不管是因为词汇语法基础不足还是观点组织不起来，我感觉考官问的每道题我都没什么可说的，这就使考试时间显得格外漫长。

后来我的英语能力有所提高之后再去考雅思口语，都有意犹未尽的感觉，感觉还没聊痛快考试就结束了。准备雅思口语其实是在训练自己的表达和沟通能力的过程，这无疑也是在海外生活的必备能力之一。我没有教过雅思口语，也没有对口语部分进行过专门的研究，但是因为在国外生活的时候不得不在各种场合说英语，而且能输出的词汇也在不断增加，所以后来每次考雅思的时候，口语分数虽然不算特别高但是也都说得过去。

高效利用雅思备考时间为留学生活做准备

既然雅思考试和海外学习生活相关性非常高，那么考生就可以利用备考雅思或托福等语言类考试的时间为即将到来的海外学习生活做好准备。换句话说，我们就是要从一个考点扩展到另一个考点，从考试扩展到真实的生活。学生在备考的时候往往是缺乏这类经验的，但是老师不同，老师了解语言考试也经历过海外学习的过程，知道在海外学习的时候什么能力是必要的，所以知道如何帮助学生搭建起一座备考和真实海外生活之间的桥梁。如果你正在准备雅思考试，可以参考下文场景扩展的例子。

先从“宴会和聚会”这类话题开始。考生在学习这类话题的时候，对着装要求（dress code）这个考点里的词汇比较陌生，比如“ties”（领带）和“bow ties”（领结）或者“white tie”（全套晚礼服）和“black tie”（半正式礼服）这样表示着装要求的词。倒不是说这类词有多难，而是很多学生平时接触到这类词汇的机会比较少。我们在学习的时候可以通过扩展这类考点来梳理自己背过的词汇，比如“white tie”和“black tie”这两种着装要求的区别是什么？“White tie”对男士的要求是晚宴时着燕尾服（tailcoats），而“black tie”的要求是着无尾礼服（tuxedo），这其实是非常大的区别。女士穿长晚礼服就可以，通常称为“ball gowns”或者“evening gowns”。按照正式程度继续扩展，比“black tie”的正式程度再低一点的是鸡尾酒服（cocktail attire），女士可以穿稍微短一些的礼服裙，裙长在膝盖位置上下就很适宜，而不能穿过于休闲的裙装。

这个考点应该如何延伸呢？首先着装要求不是只出现在宴会和聚会的场合，在找工作（job enquiry）的场景中，着装要求也是个重要考点。比如工作的时候要求穿制服（uniforms）、西装（suits）、夹克（jackets）；真题中曾经考过衣服颜色，比如白衬衣（white shirts），深色裤子（dark trousers）等。延伸到旅游场景中的话，去海边要带泳衣（swimming costumes）和拖鞋（slippers），徒步旅行要穿登山靴（hiking boots），景点需要多走路的时候要带合适的运动鞋（sneakers）等。其次，在真正的海外学习生活中，着装要求是怎样体现的呢？比如杜伦每个学院定期举办的正式晚宴的着装要求就是“black tie”，再比如参加学术会议时的着装要求就是“商务休闲”（business casual）或者“学术休闲”（academic casual），这两种着装风格不是特别正式，男士不需要穿全套西装，也可以不打领带，穿一条休闲裤搭配衬衣或者针织衫（knit shirts）就可以，学生在学校做“presentation”的时候也这么穿。太休闲的衣服，像短裤、T 恤之类是不适合出席学术会议的。学术会议是学生需要经常参加的，所以一定要提前准备得体的服装。

接下来我们可以再盯住一个场景继续补充，比如工作这个场景。有过求职经历的人都知道，找工作之前我们得通过某些信息渠道来了解哪些公司有哪些职位空缺（“vacancy”，也可以“osition”或者“post”），具体的信息渠道也有可能成为考点，比如从报纸、网络、手机 app 或者朋友处得知这个招聘信息。我曾经在网上填资料的时候就遇到了需要填写这项信息，当时因为是公司内部人员推荐我来应聘的，所以我选择的是“referee”（介绍人）。工作有不同的类型，有全职（full-time）、兼职（part-time）、实习（“internship”或者“co-op”）；也有不同的工作时间，比如轮班工作（work shift）、白班（day shift）、夜班（night shift）、休息时间（“time off”、“day off”、“break”），以及现在很流行的弹性工作时间（flexible working hours）。用人单位一般会提出一些工作经验（work experience）和技能（skills）上的要求，求职者需要具备某些特质（qualities）和资历（qualifications）才能成功获得工作。比如求职者需要持有一些资格证，像驾照（driving license）、毕业文凭（diploma）、学位（degree）及各种证书（certificate/certification）等，在海外工作的人需要提供工作许可（work permit），有时候还需要提供前雇主的推荐信（reference/recommendation letter）。这样的场景主线结构在《剑桥雅思》系列里都能找到，我都是以这些考题为基础，再结合自己在海外学习生活的经验把场景构建得更完善，更贴近生活的原貌，再展现给学生的。

雅思听力的日常生活场景还可以再继续细分。前面给大家列举了公共交通的例子，现在再来说说私人交通方式买车（car purchasing）和车险（car insurance），这两个词就出现过很多次。现实生活中人们买车的时候通常需要考虑的问题都有可能成为考点，比如是买自动挡（automatic gear）还是手动挡（manual gear）一定得会拼写。还有排量（engine size）也是高频考点，这里是想考一个数字，雅思考生都知道数字经常以不同的读法在听力试题里出现。排量的答案就是数字加单位，比如多少升（liter），或者多少立方厘米 / 毫升（cubic centimeter，简称 cc）。有时候题目里会直接给出单位，那考生只需要填数字即可。很多考生对于这样的考点不了解，也预测不到答案是有关数字的信息，所以听录音的时候没有头绪。有的考生认识“engine”也认识“size”，但是因为对车不熟悉，所以“engine size”结合在一起就不知道要填什么了。如果考生能预测到这个考点是考数字，那么即使不能完全听懂这部分原文，也很容易捕捉到和数字有关的信息点。

除此以外，付款方式（payment methods）常考现金（cash）、借记卡（debit cards）和信用卡（credit cards）这些方式，其实不只买车，买其他东西主要的付款方式常考的也是这几种。买车的场景中比较有特色的考法是部分抵价（part exchange），也就是说买车的人可能目前有一辆车，他可以用旧车抵掉一部分新车的价格。车险（car insurance）有时候会考报价“quote”，驾驶人和车况的不同会导致保险公司的报价也不相同。有时候保险公司的人会问投保人之前有没有出过险，也就是说有没有做过“claim”。投保人可能说有过，我的车被偷过（my car was stolen），或者是保险杠（bumpers）被撞过，有凹痕（dents）之类的。如果把“dent”当动词用，这句话还可以说成“Someone dented my car bumper”。

还有一个词是很多考生在备考的时候容易忽略的，就是房车这个词（caravan），它非常容易和旅游场景构成联系，开着房车旅游就是车和旅游两个场景的完美结合，也是一种很流行的旅游方式。如果考生没有背过这个词，那么在听到的时候有可能反应不过来。

其实这个词还是挺符合发音规则的，如果能听清楚它的发音，自己写一写应该能拼得差不多。可是既然我们知道这样的词容易出现在和旅游有关的话题里，那不如干脆就提前准备好。曾经有学生考完试跟我说，怎么会考到“caravan”这么偏门的词，其实这个词一点都不偏。在英语国家，一、二年级就要学习各种和住宅有关的单词（types of houses），其中就包括“caravan”这个词，教材给的解释就是“一种有轮子可以到处跑的房子”。而且这个专题里还会讲到“detached houses”和“terraced houses”，大家知道这两种房子的区别吗？如果不知道但是有点好奇的话，现在就去查查看。好奇心能促进主动学习，所以一定要保持好奇心。

上文提到过住宿（accommodation）场景也是雅思听力里非常高频的话题，住宿考查的几个方面其实就是考生到了国外之后几种主要的住宿形式，包括宿舍，租房（house/apartment renting）和寄宿家庭（“homestay”或者“host family”）。很多大学都有校外住宿（off-campus housing）的相关服务，比如在学校网站上给学生提供一些房源信息。住宿的话题一般都会涉及到房子的位置、结构、家具和设备等考点，像简单的词“city center”“living room”“kitchen”这种，学生基本不会犯错。但是当考到“shared kitchen”，也就是租户要共用厨房的时候，有些考生就反应不过来“shared”是哪个词了，或者因为 /d/ 音失去爆破以为录音中说的是“share”。和房型结构有关的词里经常有考生拼错“balcony”（阳台），也总有人反应不过来“attic”（阁楼）和“corridor”（走廊），而“corridor”在地图题里也常出现。像“bedsit”（卧室兼起居室）这样的词，没有租房经验的考生可能会不熟悉。这个单词里的 /d/ 和 /t/ 都属于爆破音，如果录音中出现了失去爆破的语音现象，考生就会觉得这个单词的发音更陌生了。因为没有刻意背过这个词，所以考生在听到这个词的时候会按发音加想象写一个“*bed-seat”，而且学生跟我说“seat”比“sit”感觉更合理，因为“bed”跟“seat”感觉是一类事物。“Bedsit”其实也可以叫“bedsitting room”，这么说可能就好理解了。这种房屋结构既包括一个“bedroom”区域，也包括了一个“living room”区域，而“living room”也可以叫“sitting room”。我自己租房的时候租的“bachelor apartment”就是一个类似“bedsit”房型的公寓，对于有租房经验的考生来说，场景词汇和背景知识准备起来都会比较容易，而对于缺乏这类生活经验的考生，我建议先用中文把事情的流程捋一遍，然后再学习相关词汇。

住宿场景中关于家具和家用电器这个考点，我一般也是建议学生这样准备：在自己家转几圈，看看能不能用英文说出各种家具和电器。有些学生和我说，很常见的五斗橱、衣柜这类生活化的词都不太熟悉，甚至有一次我问学生茶几应该怎么说的时候，他们也愣住了几秒。其实茶几就是“tea tables”或者“coffee tables”，哪个词都不难，但是总有学生会被茶几的这个“几”字给限制住，其实“几”就是小桌子的意思。

我自己整理住宿场景词汇的时候就是从进门开始环顾家里的各种家具和设施，逐一检查自己会不会用英文表达。首先一进门就有一个壁橱（closet），一般是用来挂外衣的，最下面放鞋，有的家庭可能门口有一个挂衣钩（coat hangers）。客厅里有沙发（sofa/couch），沙发对面是电视（television/TV）；有餐桌餐椅组合（dining set），包括一张餐桌（dining table）和六张餐椅（six dining chairs；因此这个组合也可以叫“seven-piece dinning set”；有书桌（desk）和转椅（swivel chair）；书桌上有台灯（work lamp）、打印机（printer）、笔记本电脑（laptop），还有一些文具（stationery）；书桌旁边是书架（book shelf/case），书架旁边还有一个玻璃门的橱柜（glass-door cabinet）。卧室里有床，还有床头柜（night table/nightstand），五斗橱（chest of drawers）和衣柜（wardrobe）。

厨房的设施和电器也是重要的考查内容，还是应以自我检查方式在家里的厨房转一圈，把每样东西的英文单词在心里念叨一遍。厨房里最明显的就是灶（stove），和灶相连，但是在灶的下面是烤箱（oven），灶的上方是微波炉（microwave）。因为从小就被教育说要多喝热水，所以家里肯定要有电水壶（kettle）。刚烧开的水需要兑一点凉白开，所以还有一个凉开水壶（pitcher）。雅思听力里还考过咖啡机（coffee maker）和面包机（toaster），可能很多家庭确实都有这两种电器，但是因为我一般都喝速溶咖啡或者直接在咖啡店买，面包也都是用烤箱来烤，所以厨房里没有这两种小家电。如果屋子里这些常见家具和电器设施的表达方式我们都很熟悉，那么考试的时候基本不会遇到什么较偏的单词了。如果家里的家具和电器比较少，那检查完自己家里的物品之后还要再梳理一遍雅思真题里高频出现的词。

对于将来要去国外学习的留学生，准备生活类物品的相关词汇是非常必要的。我对自己在这方面的要求就是尽量做到在超市里找不到某种东西的时候，能直接用物品名称询问工作人员物品的位置，而不是需要搜一张图片去询问。我的自检方法依然是从家里现有的物品入手，比如出国之前我不知道铺在烤盘上的那层铝箔纸用英文怎么表达，但是出国后因为频繁使用烤箱，所以在超市买铝箔纸的时候学到了“aluminum foil”这个词组（也可叫做“kitchen foil”）。因为我平时不忙的时候会自己做饭，所以厨房里有一些小零碎，可以称之为“kitchen gadgets”（gadgets 是小工具的意思）。但我用的工具都比较简单，比如削皮用的削皮刀（vegetable peeler），或者擦土豆丝用的擦菜器（grater），其实土豆丝我基本都是手切，所以擦菜器用到的频率并不高。我有好几个不锈钢的（stainless-steel）滤盆（colanders），用来洗蔬菜水果的时候可以直接把水控干（straining）。做饭的时候炊具（cooking utensils）自然是少不了的，像锅铲（turners），汤匙（soup spoons），还有漏勺（slotted spoons）之类的。“Utensils”如果和“eating”搭配在一起，那就是餐具（也可以用 cutlery）的意思了。我学到“eating utensils”这个用法不是在书本上，而是有一次我在饭店吃完饭想把剩下的菜打包的时候问服务员能不能给我一双筷子、一个勺和一个叉子。服务员说“Oh，eating utensils”，我就知道了“utensils”这个词也可以在这个场景下指各种餐具的总和，而且我对这个词的用法印象深刻，比起用书本学习效果更好。我有朋友喜欢自己在家做烘焙，烤蛋糕和饼干等，她经常把烘焙的过程拍下来分享给我们看。有一次看着她用的那些做蛋糕的工具我就在想，这些烘焙用的工具（baking tools and accessories）用英文怎么说呢。于是我就去查，比如放蛋糕的转盘（turntable）、抹刀（spatula）、裱花袋（piping bags）、杯子蛋糕的杯子（baking cups）；用来把饼干切成各种可爱的形状的饼干成型刀（cookie cutters）；冷却架（cooling racks）等。我自己从来没烤过蛋糕和饼干，所以家里也没有相关的工具，但是我挺爱逛一些卖厨房用具的商店，有时候也会看看这类小东西的标签。

说到这些生活用品，我想提一下英国的“Argos”。它是非常有特色的连锁店，经营范围相当广泛，除了吃的几乎什么都卖。尽管杜伦很小，但是市中心也有一家“Argos”。不知道那家“Argos”现在变成什么样了，我在杜伦读书的时候那家店不算大，我没进店之前就琢磨着这里面也没多少东西吧。但是进去之后才发现，店里陈列的商品虽然不多，但是很多台子上都放着一本厚厚的“Argos”目录。在这本目录里你能看到商品的照片、介绍、标价和货号，顾客选好自己想买的商品之后把货号填到购物单上，然后付款就可以了。顾客付款之后就可以到提货处等待，他们购买的商品信息会传输到仓库工作人员那里，工作人员会按照顾客填写的货号提取商品交到顾客手里。更方便的是，“Argos”也为顾客准备了可以带回家的商品目录，这不是很好的英语学习材料吗！不认识商品名称，看看图片就一目了然；不了解商品功能，还可以读一下详细介绍。当然“Argos”也提供网络购物服务，在网站上学习各种生活用品的名称也是很方便的。我后来学课程设计的时候，我的老师经常强调最好的语言学习材料就是“authentic materials”（真实的材料），像“Argos”的商品目录和购物网站就非常适合用来学习生活类单词。

接下来再说说曾经难倒我的看病场景，梳理这个场景其实就是把看病的流程想象一遍。首先是就医地点，大家最熟悉的一定是“hospital”这个词，但是“health center”“medical center”“clinic”也都是看病的地方。在这些核心词的基础上再加上一些简单的生活词汇就能组成日间手术门诊（day surgery clinic）和急救室（“emergency room”；“emergency department”；“emergency ward”，“ward”是病房的意思）这种医院里常见的科室名称。接下来再具体了解一下医院里的不同科室和医生的名称，牙医（dentist）是经常考拼写的一个单词，不仅是在看病场景中，而且听力 Section 1 里考职业的时候也常出现。其他表示医生的词还需要大家有所了解的是内科医生（physician）和外科医生（surgeon）等，这类词汇很少作为答案词，但是有可能出现在卷面或者听力原文中，让大家了解也是考虑到如果真的需要去医院看病，知道这些词还是更方便一些。有的学生说，如果我不会说“dentist”，我能把牙医称为“tooth doctor”吗？当然也没问题。但是考试的时候如果人家需要你写“dentist”的时候，咱们最好还是能拼得出这个词。有的词可能稍微难一点，比如眼科医生（ophthalmologist/oculist），遇到这种词的时候考生如果具备词根词缀的知识就方便很多，知道词根“ophthakmo”和“oculus”是“eye”的意思，也知道 -ist 后缀表示从事某种研究或者某种职业的人，再加上单词出现的话题背景，应该能知道单词的意思。

在国外看病的话通常需要预约（make an appointment），而不是直接到医院挂号。看病的时候医生会询问一些病人的症状（symptoms），常考的症状其实也是最常见的症状，有头痛（headache）、牙痛（toothache）、胃痛（stomachache）、嗓子痛（sore throat）、咳嗽（cough）、鼻子不通（stuffed nose）、过敏（“allergy”，比如“food allergy”）、发烧（fever）、头晕（dizzy）和失眠（“insomnia”或者“sleeplessness”）等。在病人描述症状的时候，会提到一些身体的部位，虽然这些单词比较简单但也是需要考生掌握拼写的，比如脖子僵硬（stiff neck），视力不好（poor eyesight）以及身体某部分运动损伤（sports injuries），比如膝（knees）、踝（ankles）、肘（elbows）和腕（wrists）等。

在病人完成描述之后，医生会根据病人描述的症状给出诊断（diagnosis），和动词搭配起来可以说“make a diagnosis”或者“give a diagnosis”。有的情况不能立刻诊断，医生会让病人进行一些检查（tests），比如体温（temperature）、血压（blood pressure）和眼部检查（optic examinations）等，和这些检查搭配的动词都可以用“take”或者“check”。有些检查项目也会涉及身体部位，比如胸部X光（chest X-ray）。医生给出诊断的具体疾病名称，比较简单的是需考生会拼写的，比如感冒（catching a cold）、流感（flu）、心脏病（heart attack/disease）和中风（stroke）之类的单词需要会拼写，但是复杂的疾病名称如果出现在卷面上，考生在看到的时候知道是一种疾病就可以，比如疟疾（malaria）、破伤风（tetanus）和糖尿病（diabetes）等。

我曾经有学生在一篇话题为饮食健康的作文里使用了“cardiovascular disease”（心血管疾病），有这样专业的词汇积累并能用得准确是很加分的，当然前提是考生观点清晰，论述有逻辑。如果文章结构混乱，只凭借使用了“cardiovascular”这种专业词汇，也是拿不到令人满意的成绩的。不过雅思听力不需要考生会拼这么专业的词。既然说到了疾病相关的话题，那就再多提醒一句，“disease”这个词既有可数名词的用法，也有不可数名词的用法，在使用的时候，要明确想表达的概念是宽泛还是具体。

医生对病人的病情有了诊断之后，下一步就是提出一些治疗（“treatment”；“therapy”）方案（真题里考过“recreation therapy method”），比如开药（“give a prescription”，动词“prescribe”），注射（injection）和心理疗法（psychotherapy），以及提醒病人家属做好预防（prevention）措施。如遇病人外伤的话还会涉及绷带（bandages，这个词也可以做动词用，比如“The doctor bandaged his wound”）。很多考生认为词汇多样性就是要使用多个同义词来表达同一个意思，这当然没错，但是我想通过用“bandage”作动词的这个例句来提醒大家，不要忽略使用同一个单词的不同词性，这也是体现词汇多样性的好方法。

涉及到具体药物（medicine）的话，雅思听力可能会考到一些笼统的药品说法，像药丸（pills）、药片（tablets）、胶囊（capsules）、胶囊形药片（caplets）、糖浆（syrup）、药膏（ointment）和抗生素（antibiotics）这样的词；也会出现具体的药品说法，像眼药水（eye drops）、维他命（vitamins）和止痛药（painkillers）这样的词，这些是需要考生能听懂并且正确拼写的。像阿司匹林（aspirin）和青霉素（penicillin）这样的词如果出现在卷面上，考生能识别出这些词表示的是药品名称即可。

除了上面提到的治疗方法之外，针灸（acupuncture）这个词也曾经作为多选题的选项之一出现在雅思听力的 Section 1（《剑桥雅思 9》Test 4）。通常在这种情况下，考生需要知道针灸这个词的发音，或者在读题的时候通过字母组合自己拼读出这个单词，才能在录音中提到这个词的时候快速反应过来。这篇听力题里还有另一个词也作为选项出现，那就是疫苗接种（vaccination）。大家都有过接种疫苗的经验，它的目的就是预防某种疾病，建议在做题的过程中看到“vaccination”这个词的时候同时补充一下“vaccines”（疫苗）和“vaccinate”（给……注射疫苗）。食欲（appetite）这个词也可以归类在和医疗或者健康有关的场景里，因为人在生病的时候会食欲不振（loss of appetite）。当然如果食欲太好，也会给消化体统（digestive system）造成压力，消化的动词“digest”不仅可以表示消化食物，同时也可以表示吸收观点，比如“digest new ideas”等。

通过食欲和消化这两个词可以再扩展出一些和食物有关的词，比如碳水化合物（carbohydrates），其含量比较高的食物里像谷物（grains）和“rice”之类，奶制品（dairy），“milk”和“yogurt”（酸奶）之类，所以减肥的人通常吃这类食物的时候会比较节制。大家应该对卡路里（calories）这个词也不陌生，减肥的人都非常重视减少卡路里的摄入（reduce their caloric intake）。我们管这种饮食方式叫做限制卡路里的饮食（calorie-controlled diet），想遵循这种饮食方法的人可以从网上找一些饮食指南（dietary guidance）参考，但是最好能向营养学家（dieticians）咨询，避免不当的减肥方法对身体造成伤害。

有时候人在压力、焦虑和紧张（“pressure”；“stress”；“tension”；“burden”；anxiety”；“nervousness”）等情绪的影响下身体会出现一些症状，比如疲倦（fatigue，形容词 fatigable，同义词比较常见的是 tiredness），长期持续疲倦的状态人就会变得虚弱（infirmity）。这种情况下要注意养生（regimen），“regimen”包括调整饮食、注意休息和适量运动，其目的是改善人们的健康状况。消毒（sterilization）这个词通常也可以归类在和健康有关的话题中，它可以有效地去除细菌（bacteria，单数“bacterium”）。从消毒这个词又可以延伸出两组表示“卫生”的词，虽然在听力中考到的概率不大，但是在阅读中还是很有可能出现的。一组是“sanitary”（卫生的，清洁的）和“sanitation”（环境卫生、卫生设备）；另一组是“hygiene”（卫生）和“hygienics”（卫生学）。“Sanitation”

这个卫生指的是使环境变得“healthy”（有益于健康的）的一些设施和行为，比如安装排水系统（drainage system）。“Hygiene”这个卫生指的是一些使每个人变得“healthy”的习惯，比如像最简单的洗手（hand-washing）。有时候大家在背单词的时候发现从中文释义上看不出两个词含义的区别，这时候就可以尝试举几个例子来帮助理解。提高今后使用这类单词的准确率。联合国儿童基金会（UNICEF）有一项“WASH”计划，其中“WASH”就是“Water, Sanitation and Hygiene”的简称。“Water”当然就是帮助儿童获取安全的水，“sanitation”主要是确保人们能正确使用如厕设施，“hygiene”主要是培养用肥皂洗手的习惯[①]，从“WASH”这个项目上就能清楚地看出“sanitation”和“hygiene”这两个词恰当的用法是怎样的。既然提到了近义词，那我再多说一句。比如“cunning”和“shrewd”这两个词都含有“聪明”的意思，但是“cunning”是一个“pejorative word”（贬义词），“cunning”虽然也有聪明的含义，但是同时也有使用不诚信、欺骗的手段来达到目的的含义。这也是我们在使用意思相近的单词的时候需要特别注意的。

说完雅思听力再说说托福，背景知识在托福听力里显得更为重要，托福听力的讲座部分主要涉及的学科内容包括天文学、地质学、生物学、考古学、人类学、艺术、心理学和建筑学等众多学科。托福听力和雅思听力有一个显著区别，托福考生在听录音的时候是看不到题目的，因此他们需要在听录音的过程中记笔记，在录音结束后靠笔记和脑中的记忆来做题。在这种情况下，如果考生对于高频考查的场景词汇和相关背景知识完全不了解的话，那在听托福听力录音尤其是讲座部分的时候会觉得像听天书一样。所以托福考生，尤其是在听力方面相对薄弱的考生一定要在做题之前补充背景知识。托福听力讲座部分的场景其实和雅思听力的第四部分很像，但是题型和考查重点和雅思不同。从补充背景知识的角度来说，托福听力的讲座和雅思听力的第四部分可以结合起来使用。我在补充背景知识的时候就把托福听力原文当作科普小文章来看，所以我也建议学生们这样做。如果能顺便积累一点场景词汇更好，但是我会让学生把重点放在背景知识本身。为了强化记忆，我经常把学到的知识分享给家人和朋友，这样有助于我发现自己是否真正掌握了相关知识点。

① 参考资料 http://www.unicef.org/wash/3942_3952.html

从雅思成绩合格到游刃有余地学习中间有多远

我觉得从获得合格的语言成绩到在海外学习得心应手的学习之间的距离首先和这个成绩在多大的程度上反映了考生的语言能力有很大关系。比如我入学时的雅思 6.5 分其实超过了我实际的语言能力，即使是在环雅密集上课一个月，我的词汇和语法水平可能仍然只有 5.5 ~ 6.0 分的水平。那么如果语言考试成绩客观真实地反映了语言能力，且成绩达到国外大学的要求的学生，是不是就能很容易适应海外学习呢？其实也不一定。很多语言能力还不错的学生在刚进入国外大学的时候也会面临口语不够流利，在课堂发言和小组讨论的时候不自信，或者对学术写作规范不了解，以及考试成绩不够理想等各种问题。很多年龄较小的留学生可能面临的问题更多。

我自己的专业是商科里面偏文科的，因为我是市场学专业的 M.A.，这个专业在有些学校是理学硕士，现在杜伦大学的市场学也是理学硕士项目了。商科中的其他专业如会计学（accounting）、金融学（finance）和经济学（economics）等专业都是偏理科的项目。我自己入学以后面对的一个很直接的问题就是每周的阅读量太大，我根本无法读完老师布置的阅读材料。一般来说，每节新课之前老师会布置教科书的某些章节和一些期刊文章让大家提前阅读，在课后学生自己还需要读一些补充材料对课堂内容进行复习和巩固。而且我一学期要上五门课，包括这五门课的讲座和讨论课，这五门课还都有各自的阅读材料。刚入学的时候每周我都完不成老师布置的阅读任务，其导致的结果就是听课的时候思维跟不上，老师讲的知识点反应不过来，下课回到宿舍脑子一团浆糊。其实研究生阶段的有些课程我在本科阶段是学过的，像宏观经济学、微观经济学和会计学这些课程，而且考试成绩也不错。但是现在需要以英语作为媒介来阅读相关的文献，我发现自己很多专业词汇都不认识，在写论文的时候也经常不知道该如何组织语言，需要花费大量时间来查单词。

经济学和战略营销管理（*Strategic Marketing Management*）这样的科目在我们专业是以考试形式结课的，但是像组织行为学、消费者行为学和市场沟通（*Buyer Behavior and Marketing Communication*）以及社会营销（*Practicing Social Marketing*）这类课程都是平时写小论文，期末写大论文的形式来结课的。另外拿到 M.A. 学位需要写毕业论文（dissertation），一万两千词左右。写英文论文对我来说有这样几个难点：首先从语义学（semantics）角度来说，我写句子的时候是先用中文组织再翻译为英文的，也就是说我希望找到和中文对应的英文单词（equivalents），但是中文和英文并不是一一对应的，所以中英互翻这种方法经常会影响语言表达的准确性。在句法方面（syntax）方面，我觉得加不加冠词，尤其是需不需要定冠词对我来说真的是一个大难题。虽然我在英语课上学过一些冠词使用的规则，但是真正写作的时候，第一不可能每句话都回忆一遍那些规则，第二我觉得有些实际情况很难套用某些规则。这里并不是说这些情况不符合规则，而是我自己根本分不清某些情况到底属于规则里的哪一条。所以大多数时候对于冠词的使用我就是凭感觉的，而且这个感觉经常不准确。

中文对英文写作的影响可能很多人都有体会，以我当年的英语水平在刚开始写英文论文的时候是很难做到直接用英文思考和组织观点。比如我就写过一个句子，其中包含这样一部分“to depict an image of”（描绘了一个画面），“depict”我印象里是“描绘”的意思，但是“depict”的“描绘”本来就包含画面的意思，所以“an image of”其实是多余的。当我想使用“commute”（通勤）这个词的时候，我会写“commute between my home and office”，但是“commute”本来就包含了从家到工作单位的含义。因为对英文单词含义理解得不够准确，我的措辞经常不够简洁。而且我经常在写论文的时候写出一些口语化的表达（colloquial expressions），比如我在一篇讨论移民身份认同的作业里写过这样一个句子“For immigrants, identity is a complex issue, and it can be difficult to tell which country they belong to, sometimes on the fence between the two countries.”我的老师指出，“to tell”和“on the fence”都是过于口语化的表达，建议我改成“to decide”和“with some remaining divided”。

口语方面从我自己的经验来看，雅思的口语考试和海外学习所需要的口语能力相比还是太简单了。课堂讨论和做“presentation”对我来说是比写论文更困难的事，感觉有一个心理上的障碍克服不了。写论文起码是自己在宿舍或者图书馆面对电脑独立完成的，即使慢一点，或者写错了，也不会立刻得到反馈。因此我没什么心理负担，只有在拿成绩的时候感觉忐忑。在杜伦的时候我们需要去研究生办公室拿成绩，把自己的匿名学号（“anonymous student number”，和学生卡上的号码不同）告诉工作人员，然后会拿到一个信封，里面是半张评价表，上面有老师对论文的评价和具体打出的分数，评价表的另外一半在学院留底。在这张学生收到的评分表上，有自己的匿名学号，有课程名称，评分标准，比如文章结构如何，对课程内容的理解是否充分，文献综述的范围怎么样，每一项都会打分。然后还有一大段老师给出的具体反馈以及一个根据各项评分标准综合打出的分数。我一般就是拆信封的时候非常紧张，因为知道自己写得不好，但是紧张也就这么一会儿。上课的时候就不同了，课堂讨论的话题都非常专业，看到同学英语讲得这么流利，我就更不敢开口了。课堂讨论的时候一是怕自己词汇量有限，语法错误又太多；二是怕自己的观点学术性不强，发言没有建设性，浪费大家的时间，所以很多时候虽然有发言的意愿但是考虑再三还是算了，我觉得很多留学生可能都有和我一样的顾虑。Presentation 是需要提前准备的，包括做幻灯片或者用其他软件做辅助。虽然有时候可以两到三个人一组一起做，可是起码要讲一个小时，也就是说每人要讲二十分钟到半小时。我在做"presentation"的时候比较大的问题就是即兴反应不好，提前背下来的内容还可以，但是一定要背得非常熟才能表现得像自然说出来的，不然一听就是背的。这时候如果观众（老师和同学们）当场提出一个我没有提前准备过的问题，那我临时组织语言回答的时候很有可能会出现语法或者语用错误。所以总的来说，就我自身而言，语言成绩合格到游刃有余的学习中间相隔甚远。

我在学习上遇到困难的时候态度一般是这样的：首先，如果这个问题我还想要解决，不想彻底放弃的话，我会强迫自己克服怕和怵的心理。我当然也可以选择消极的处理方式，也就是回避这个问题。不管选择克服还是放弃，只要能对选择带来的结果负责就可以了。从我走的这条"英语不好—考雅思—出国—回国教英语"的路，大家就能看出来我的态度其实是不愿意放弃成绩不好的科目的。所以后来我调整了心态，当我觉得我在课堂讨论的表现不好的时候，比如整节课都没有发言，下次上课的我就会强迫自己至少发言一次，不管说得好不好。经过几次发言之后我发现，只要我的观点创新而且有建设性，教授和同学们都不会介意我的语法错误和口音（前提是语法错误和发音不准确没有影响别人理解我想表达的意思的情况下）。更令我惊喜的是，我发现只要强迫自己多发言几次，顾虑就会越来越少，上课的时候就越来越敢说了。当然我的意思也不是说别人不介意语法错误我自己就无所谓了，我一直都在有针对性地提高自己词汇和语法使用的准确性。有时候我觉得我表达得不够好，但是老师和同学们还是会从我的观点里提炼出有意义的部分，所以我想和口语不好的小伙伴们分享，和老师同学交流学术观点是很重要的，千万不要因为口语不够好就放弃交流的机会。

留学这段时间我并没有专门按照学语言的方式去学英语，但是我一直在用英语学习专业知识，用英语解决日常生活问题，我的英语水平也在不断提高。虽然提高的幅度不算非常理想，不足以让我成为一个成绩优异的留学生，但是我认识到了我不用为了学英语而学英语，我可以在用英语学习其他知识的同时顺便提高英语水平。后来我学了教育学之后了解到了有一种教学法叫 CLIL (Content and Language Integrated Learning)，这是一种把学科内容和语言学习融合起来的教学法。在我当了雅思教师开始自己设计课程的时候，我其实一直在使用 CLIL，因为在以 CLIL 教学法设计的课程里，所有学科教师（subject teachers）同时都可以是语言教师。换句话说就是以英语为教学语言的数学、物理、化学、地理等学科的老师，可以在使用英语教授学科知识的时候同时教英语这门语言；教英语的老师也可以把不同学科的知识加入到自己的英语课程设计中，也就是在教英语的同时也让学生掌握更多数学、物理、化学、地理等学科的知识。但是在刚开始教雅思的时候，我还没有专门学过语言教育的理论知识，所以也是后来才知道这种教学法叫 CLIL 的。

语言是不断变化的，语言学习也一样

我在英国的“Tesco”超市里看到过一个指示牌，是提示快速结账通道的，意思就是说如果顾客买的东西少就可以在这条通道结账。指示牌上有这样一行字：“10 items or less”，牌子下方画着一个向下的箭头指示着结账通道。我记得在英语课上学过“less”这个词，意思是“较少”，修饰的是不可数名，同样表示较少的“fewer”这个词修饰的是可数名词。Items 是可数名词复数，所以“比 10 items 少”我感觉应该是“10 items or fewer”或者“fewer than 10 items”而不是用“10 items or less”。但是“Tesco”是一家英国的超市，所以我觉得这个牌子不会有错，可是这个表达方式和我上英语课的时候学到的不一样。后来我在新闻上看到很多英国本地人向媒体反映过这个问题，然后“Tesco”就把指示牌改成了“up to 10 items”，这样就没有语法争议的问题了。我后来学习教育学的时候，在一节和语言学有关的课上请教了一些母语是英语的老师和同学，很多同学都觉得“10 items or less”的用法其实也是可以接受的，有的同学甚至第一眼都没看出来“less”的使用有任何不妥。所以说教材上讲的语法有规则可循，但是人们在生活中使用语言也不一定完全遵守规则，要灵活掌握。“Less”和“fewer”的误用其实是有原因可循的，因为有个短语叫“more or less”（或多或少），所以这两个词很容易被大家认为是“逆向反义词（converse antonyms）”（Parker & Riley, 2010, p. 32）。如果别人问我和“more”相对的词，我首先想到的也是“less”而不是“fewer”。

语言的变化其实是语言的魅力所在，那么语言教学法和教学活动的设计也必须与时俱进。教语言的老师也不能永远使用一份像正确答案一样的评判标准来评估语言学习者的学习结果，而是要关注语言的变化并且把这种变化设计到自己的课程中。这件事其实对我来说是个难点，语言使用灵活性的度应该如何把握是我一直都在摸索的问题。比如说“less than 10 items”这个例子，母语是英语的同学告诉我，如果他们的学生在日常生活中这样表达，他们觉得可以接受，不会去纠正；但是如果学生在我的课上这样表达，我肯定要告诉他们改成“fewer than 10 items”，因为我觉得我无法判断这种表达学生的对话者在多大程度上能够接受。除了单词的用法之外，词典的词库一直在更新，比如2017年牛津词典收录进来一个很有意思的词叫做“hangry”（饿怒），意思是因为饿（hunger）而生气（angry）。现在越来越多的人远程办公，那么“telecommuting”这个词就会被广泛使用，“telecommuting”的意思就是居家办公的人“commuting with the office by computer”。对于英语老师来说，这类更新都是要随时关注并且有意识地设计到教学材料中。

语言的灵活性还体现在有些词在特定场景中的意思和本义完全不一样。在英国“interesting”这个词在很多场合并不是表示有趣的意思，比如你表达了一个观点，对方说“very interesting”，这并不表示他觉得你的观点有趣或者他对你的观点有兴趣，反而表示“你这说的是什么啊”的意思，有网友精准地概括这个用法为“呵呵”。但这件事并不是绝对的，不是说只要别人用“interesting”评价你的观点就一定是“呵呵”你，尽管很多时候确实是这样的，但我们还是要结合对话发生的情境和对话者的语气。在加拿大读书期间，有一次我给教授发邮件简单介绍了我结课论文的大纲，教授回了个“very interesting”，当时把我吓得，脑补了一整天教授高冷的“呵呵”表情。邮件和面对面交流最大的区别就是你看不到对方的表情也听不到对方的语气，所以只能根据字面意思来判断对方想表达的到底是什么意思。后来我和教授当面确认了一下，教授觉得我的研究方向确实挺有意思的，但是具体使用什么研究方法还需要进一步斟酌，并没有“呵呵”我的意思。所以说，我们都是在具体的场景中和具体的人对话，没有哪次交流在真空中发生，那么语言学习也应该发生在具体的场景中，这就需要老师在设计学习活动任务的时候有意识地构建真实的情境。

回国之后我开始从事雅思培训工作有一个很重要的原因就是我想把自己学习英语的经验和反思分享给准备语言考试和出国留学的学生们。即使是在英国学习了一段时间之后，我还是经常会想起刚到英国时的各种无助，想到很多简单的生活小事都无法用英语表达清楚，每次写论文都很痛苦。我觉得有一部分留学生可能跟我的情况很像，英语基础不太好，为了出国突击学习提高了语言考试成绩达到了入学要求，但是现实一次次提醒我一份合格的语言考试成绩单代表不了我具备适应国外学习的能力，如果想顺利地融入海外大学的学习环境，还需要在很多方面下功夫。

意识到了考试和现实生活的联系和差距之后，我开始考虑如何通过准备语言考试来提前准备出国后的生活。毕业回国之后我重新考了雅思，当时我的听力阅读两个单项已经可以考到 8.5 分，基本满足各大语言培训机构对于雅思听力和阅读老师的单项分数要求。这个时候我已经不需要靠特定的解题技巧做题了，因为我已经能听懂和读懂雅思考试的文章了。虽然还不能做到百分之百听懂和读懂，但是听和读的基础能力确实都有提高。不过在这个阶段，我的写作和口语成绩还不算很好，基本稳定在 6.5 分，不满足教写作和口语科目的单项分数条件。这也就是说虽然我已经对雅思考试有了深刻的认识，并且有了海外学习经验，我在输出类科目上的进步没有输入类科目明显。但是听力和阅读能力的提高是写作和口语进步的基础，这一点在之后的几年才逐渐体现出来。

进入英语培训行业之后，我以教听力课为主，同时也教一部分阅读课，我的课都是小班或者一对一的授课形式，最多的时候班里学生也不超过 15 人。在从事语言培训工作最初的几年里，我给自己的定位并不是英语教师，而是经验丰富的英语学习者（experienced learner），这也是我对自己进入培训行业后最初的身份认同（teacher identity）。我并不是英语专业出身，但是我有丰富的使用英语的经验。我非常明确地知道怎样准备语言类考试更高效，如何充分利用语言考试的准备时间才能帮助自己快速适应国外的学习生活，实现分数和能力的同步提高。雅思成绩固然重要，但是这个成绩并不是英语学习的最终目的，它其实是帮助学生开启未来海外学习生活的钥匙。考到一个符合申请要求的语言成绩，当然同时也要符合其他申请条件，拿到录取通知书，进入海外大学开启学习生活，考验才算真正开始。

真想学好英语，生活里处处是教材

学习语言这件事有个便利条件，就是可以把生活当作教材。英语和其他学科不一样，它既是一门学科又是可以用来学习学科知识的媒介，CLIL 教学法也证明了我们可以通过使用英语来学习英语，或者用英语来学习其他学科知识的方式来提高自己的英语水平。语言本来就是渗透在生活中的，生活中的细节都可以被用来作为学习的材料。比如说我印象中好像在哪见过“concierge”这个词，但我不是清楚这个词的意思是什么。我真正会用这个词是我住在我堂弟家的时候，他家住的“condo”（“condominium”的简称，公寓大厦）。这种公寓有一个像酒店前台一样的地方，在那工作的人就可以被称为“concierges”，其实就是公寓管理员。公寓搬家的时候要预定一个连通后门的电梯，因为搬运家具和大件行李如果走正门的话就会影响其他住户。这种情况就需要找“concierges”，住户需要告诉他搬家的具体时间，交好押金，他会把这个电梯锁住，在电梯内部挂上一层像小棉被的东西来保证家具和行李不会刮到电梯内部。等到搬家那天，“concierges”会解锁这部电梯，在完成搬家后电梯内部没有损坏就可以退回押金。和楼里的“concierges”打过交道之后，这个词就变得生动起来。当有些单词虽然我好像学过，但是我没有在生活中体验过这些词的用法，那么我再次见到这些词的时候还会觉得陌生。当每个单词都能真实存在于我的生活中的时候，积累起来好像也没有那么困难了。

我在上一章提到过文具类的单词，接下来我要分享一下我是如何在日常生活中积累这部分单词的。我会利用每天刚坐在书桌前但还没开始学习或者工作的时间环顾一下四周，比如书桌上有很多不同颜色的便利贴，这算是我很常用的文具之一，那我就会从便利贴的英文开始检查自己对便利贴相关知识点的掌握情况。便利贴除了可以叫做“sticky notes”之外，也可以叫“post-it notes”，有一个很有名的便利贴品牌就叫“Post-it”。我在阅读的时候有记笔记的习惯，有时候书的页边距太小写不下多少字，我就会把笔记写在便利贴上然后贴在书里。而且我经常需要在便利贴上写一些备忘，比如我一直有一个习惯就是把所有学生的考试时间写在便利贴上然后贴在书桌后面的墙上。因为雅思和托福的学生不一定结课后立刻考试，而且他们的考试时间可能都不一样，贴他们的考试时间便于我在考前检查他们复习进度和安排答疑时间。虽然我手机里也会有一份电子版的时间表，但我还是喜欢把重要的日期贴在书桌后面的墙上。我还常用一种比较窄比较短的索引贴，也可以叫标签贴，有的是长方形的，有的是箭头形的，有透明的和不透明的两种，英文叫“sticky flags”，作页码指示（page makers）使用。读文献的时候经常会有疑问，我会在有问题的地方贴上它，这样去向教授请教的时候就可以快速翻到有问题的那几页。

在确认了和便利贴有关的单词我都知道以后，我会尝试给便利贴下一个定义，也就是说如果有一个人没有见过便利贴，不知道便利贴长什么样，也不知道便利贴是干什么用的，我应该如何用简明扼要的英语把这件物品介绍给他。这时候我会想一些描述便利贴特征的词，比如它首先是一张便笺纸（a slip of notepaper），然后它是有粘性的（adhesive：sticky 的同义词），因为具备这个特征，这张小贴纸才能固定在我们书本的某一页或者是我书桌后面的墙上。然后我会用一个简单的句子把它的特征和功能串连起来，再对比一下词典里“sticky notes”的释义。比如韦氏词典给“sticky notes”的定义里包含了“attachment”（连接物、附件）这个词，因为“sticky notes”背后有粘合条（adhesive strip），所以它可以附着在（attachment to）物体表面。我自己下定义的时候没有想到“attachment”这个词，但是这个词我是认识的。我经常在另一个场景中使用“attachment”这个词，就是发邮件带附件的时候总会写一句“I've attached 某文件 to this email”或者“please find attached”某文件”。这样就发现“attachment”这个词在我的听读词库但没有进入读写词库，那么接下来我会创造机会在练习写作和口语的时候刻意使用一下“attachment”。另外，词典里使用的句子结构是（简化之后）“…an adhesive strip that allows attachment to a surface”，这个结构不符合我的语言习惯，我会说“A sticky note can be attached to a surface because it has an adhesive strip”（因为便利贴有一个胶条，所以它可以被贴在物体表面）。词典里的原句用了一个“allow”（允许、认可），这样我就又发现了我在输出英语时候的局限性。但是如果我要把词典那句话翻译为中文，我也不会说“胶条允许便利贴附着在物体表面”，我还是会翻译为因果关系，因为有胶条，所以能贴在物体表面。也就是说词典里这个句子的结构就为我今后表达因果关系提供了一个新的选择。

说到这我要推荐一下钱歌川先生的《英文疑难详解》，这本书讲到很多英汉表达方式的差异。在第一章的第一节，钱先生就讲到了英文表达中有很多“无生物主语”的句子（p. 2），比如在表达“Bad weather prevented us from starting（天气太坏，我们无法动身）”意思的时候，可能很多学生首先想到的是“We could not start because of bad weather”（p. 3）。这个例子和刚才我举的便利贴的例子很相似，就是我们不会直接用中文想到“胶条允许……”这样的句子。后面我还会具体讲一下我是如何培养自己英文思维习惯的，这里先不多说。“Sticky notes”的知识点检查到这儿就差不多了，接下来我会尝试用英语谈谈“sticky notes”和“sticky flags”的异同。比如大小（size）不同；形状（shape）不同，有的“sticky flags”是带箭头（arrows）的；而且有的“sticky flags”是透明的（transparent），这样既能满足标记需要，又不会挡住书上的字。这一段口头的练习我给自己限制在两分钟之内，也就是和雅思口语考试第二部分卡片题的时间一样。这样便利贴这种文具我就检查完了，大约半小时，我会在这个过程中记一些笔记便于之后复习。

这样的积累不需要专门的教材，只要有词典就能进行。纸质的词典、在线词典或者手机app都可以。转过天来我会再换一种文具重新走一遍这个流程，每次都不会进行太长时间，主要是从生活中学才能在生活中用。教材的更新没有那么快，一本教材用几年的话，可能有些内容已经不那么贴近生活了。我现在每天不管走到哪里，都觉得周围有很多可以用来学英语的材料。而且我们每个人的生活教材都是专属的、个性化的（personalized），我们可以学习对自己重要的或者自己觉得感兴趣的内容，也可以不断完善自己的知识体系。老师当然会尽力去了解学生的基础和学习目标，帮助学生找到更合适的学习方法。但是我们每个个体才更了解自己需要什么样的知识储备。在学习语言的过程中，我们需要老师和同学的帮助，但是与此同时，我们也需要自己的帮助。

再给大家举另外一个例子，也是我平时使用率非常高的文具：荧光笔（highlighters）。我习惯在读文献的时候把重点划出来，所以要使用各种颜色的荧光笔。而且我观察了一下我的荧光笔都是两头都能用的，所以应该叫做“double-sided highlighters”。接下来我要先给荧光笔下定义，然后对应词典里荧光笔的定义检查我有没有落下什么特征和用途。对比过程就不说了，直接分析一下词典的定义里我没有想到的点：首先是荧光笔有一个“felt tip”，“felt”这个词我自己没想到，因为我比较熟悉的“felt”是动词“feel”的过去式和过去分词。但是“felt tip”里的“felt”指的是“毡”这种材料，也就是说这个笔尖是“made of felt”。另外关于荧光笔的颜色有两个重点描述的词，一个是刚才讲便利贴的时候已经提到的“transparent”，另一个是“fluorescent”（荧光的），这个词我之前没有见过，所以我会记一下这个词，然后在词典应用里听一下单词的发音确保自己拼读是正确的。

接下来就是要检查各种表示各种颜色的词了，我买荧光笔的时候都是一次买几十支，所有颜色都买全。因为有些荧光笔的颜色没有那么荧光，是偏柔和的颜色，所以我会先给颜色分一下大类，除了“fluorescent colors”之外还有“sophisticated colors”，它就是我觉得看起来比较高雅的颜色，像绿松石色（turquoise），有点绿的蔚蓝色；蓝紫色（violet），因为“violet”有紫罗兰的意思，所以也有人把“violet”叫紫罗兰色。我认为蓝紫色的那种荧光笔是比紫色多混入了一点蓝的感觉，但我不是学美术的，对颜色没有深入的了解所以讲不了特别专业；还有榛子色（hazelnut），就是棕褐色里带一点点粉色。颜色部分其实可以扩展出很多陌生的词，因为在我的印象里，英语课上只教过一些非常简单、宽泛的表示颜色的词，但其实每种颜色其实都可以再细分。比如红色，除了“red”还有“scarlet”（猩红色）、crimson”（绯红色）和“ruby”（宝石红）等词都可以表示某一种更具体的红色。这类单词在生活中学才更生动，我记得有一次我看到两瓶不同颜色的枫糖，一瓶颜色浅，感觉是浅黄色，另一瓶颜色深，有点介于深黄色和咖啡色之间。我一下就卡住了不知道这两种颜色怎么表达。结果一看人家产品介绍，浅的那个颜色叫“golden”（金色），深的那个颜色叫“amber”（琥珀色），这俩词我都会，可我看着那两瓶枫糖的时候就是想不到。不过这次看了产品介绍之后，我再见到琥珀色的东西，就会直接反应“amber”这个词，而不是“介于深黄色和咖啡色之间”了。在看《老友记》的时候我也跟“Ross”学了一个表示颜色的词组，叫“faded salmon”，就是他特喜欢的那件粉中透着点橘色的衬衣的颜色，下一次我再看到类似颜色的时候，就会想起“Ross”那件衬衫，还有他强调这不是粉色，这个颜色叫“faded salmon”。

颜色检查完之后回到“highlighters”这个词，因为在我对比自己下的定义和词典下的定义的时候发现“highlighters”还有另一个意思，就是化妆品（cosmetic products）里的高光。接下来我会就“高光”这个含义继续对“highlighters”进行扩展。高光有粉状（powder）、液体状（liquid）、乳状（cream）和高光棒（solid stick）这些不同的种类（我对化妆品没有研究所以可能还有其他种类的高光我不知道）。化妆的时候当然不能只用高光，还得用阴影（shade）才能让脸显得更加轮廓（contouring）分明，所以化妆品里的“highlighters”一般是两用的（dual-sided），一边是阴影，一边是高光，装在一个小盒子里。顺着化妆品的思路其实还能扩展出很多知识点，但是我一般就不会再继续扩展了，等哪天整理化妆品专题的时候再说。因为这种热身活动我每次只做半小时，接下来就要开始学习或者工作了。大家不要小看这半小时，只要能坚持做下去一定会感受到收获很大。而且这种热身活动也能帮助我更快地进入学习或者工作的状态，特别是接下来的学习或者工作是需要用英语进行的时候。

为什么我要专门拿出时间来梳理和文具有关的词呢，主要是想找到自己的知识盲点，然后有针对性地补充。有些文具的名称不是用一个词来表示，可能得用两三个词组合一下。我的问题在于这些词你要是单独拿出来问我，我都知道怎么说，但是你让我自己组合起来，我不会。等别人告诉我，我又恍然大悟，原来这么简单啊。比如有一种多功能笔筒，可能很多人家里或者办公室里都有，又能放笔，又有小抽屉可以放一些小夹子、曲别针和橡皮什么的，这种笔筒叫做“desktop supplies organizer”。“desktop”，“supplies”和“organizer”这几个词我都会，但是我看到这种笔筒的时候，我自己组合不出来这种说法。不过我学会了笔筒之后，再看到我家放遥控器的架子我就知道这东西叫“remote control organizer”了，因为这个架子和之前说的笔筒差不多，也是有好几个格子，除了可以放遥控器，还可以放一些小杂物。这就是为什么我要通过自我检查来学习，目的就是在下一次遇到类似物品的时候，能举一反三。

其实别说是多功能笔筒，就像很多办公室都用的那种网状的普通笔筒，你要是问我用英语怎么说我也得想半天。我看文具店里标的名称就是“mesh pencil cup”，但我总觉得应该有个专门的词叫笔筒，就算是把笔和筒分开，我也会卡住不知道筒怎么说，而且筒和桶还不一样，无论如何我不会想到“cup”这种简单而生活化的词，因为我脑子里想的是“筒”不是“杯”。就好像别人问我烤盘怎么说，我知道是“baking tray”，但是你要问我办公桌上放文件的那个筐怎么说，我就想不到“stackable/stacking letter tray”，但其实我是认识“stack”（成叠地堆放）这个词的。同理，医院里大夫用来放各种医疗器械的托盘可以叫“surgical tray”，饭店里上菜的时候用的托盘可以叫“service/serving tray”。既然我不擅长自己把单词组合起来，那我就需要通过看别人怎么表达来积累这些词组。我常用的方法就是逛商店、超市的时候看标签，浏览购物网站，或者在英语的电视剧、电影中跟台词学。

从上述例子可以看出，扩展在学习一门语言的时候是很重要的，不能看见一个词就只想到这个词，要想到和它相关的知识点。比如我背单词的时候知道鱿鱼是“squid”，但是我有一次在超市买的一份辣炒鱿鱼的成品标签上写的是“calamari”。我当时并不认识这个词，但是我看实物认得出那就是鱿鱼。当时我很好奇，为什么这个标签写的不是“squid”。于是我查了一下这个词在词典里的意思，发现中文翻译为鱿鱼或者炸鱿鱼，然后我又查了“squid”和“calamari”这两个词到底有什么区别，可不可以互换使用。词典对“calamari”的解释是“pieces of squid that are cooked and eaten”，还配了一张炸鱿鱼圈的图片。所以后来当我想用英文表达已经做成食物的鱿鱼的时候就会使用“calamari”这个词。

这种积累单词的方式偶尔进行一次是很容易做到的，但让这件事真正对语言学习起到促进作用却不是一两天就能达成的，所以这种方法最难的地方在于每天都坚持。说实话，让我每天都坚持我也做不到，但是我每周会尽量做三到四次这样的积累。我和我的学生说，哪怕你每天只拿出二十分钟，甚至只有十分钟来学习英语，只要你能充分利用这十分钟进行有效的学习，坚持一段时间也一定能看到效果。

发展篇——西安大略大学并不在西安

告别了“一般”之后，会有更广阔的学习天地。

我希望我突破“一般”的经历能被复制，所以我的分享不仅有实践感受，更要有理论依据。

西安大略的读法是西·安大略。安大略是加拿大的一个省，多伦多和渥太华都是位于安大略省的城市。西安大略大学（University of Western Ontario，现更名为 Western University，但我仍习惯称其为西安大略大学，以下简称西大）位于安大略省西边的伦敦市，距离多伦多市两个多小时的车程。在西大学习期间我经常向别人解释，这个学校不叫西安·大略大学，这个学校在加拿大的伦敦而不是在英国的伦敦。在申请西大研究生的时候，我已经有将近五年的雅思教学经验，想找个机会把这些经验做一个系统化的梳理。

作为一个非语言学非教育学出身的“外行”英语老师，我的教学灵感和指导原则大多都来源于我自己的英语学习经历和反思。和科班出身的英语老师相比，我的优势在于特别了解非专业学生们遇到的困难在哪、犯错的原因，也知道应该如何解决相应的问题。我在看学生做雅思听力题的起笔动作就能知道他们为什么选择了错误的选项或者记下了不是答案位置的单词，因为我可能也犯过类似的错误，同时我也知道如何用自己曾经犯错并改正的经验帮助学生纠正并且避免类似的错误再次发生。

学生写作文的时候常犯的错误——比如冠词使用不准确、语言极其不简洁、论述过程缺乏逻辑——我都犯过。当然，我也很清楚我的劣势，那就是缺乏一些系统化的理论基础和在语言培训行业进行学术研究的方法。虽然从学生的反馈和考试成绩来看，我的教学效果还不错，但是作为一线教师，我觉得时刻关注同行对教学法的研究以及把自己的教学经验进行理论化的梳理是很重要的。同时，只有掌握了科学的研究方法，才能对自己的教学活动进行系统的分析，才能提炼出系统化的知识体系，为同行之间的交流提供必要条件。

我在西大获得的学位是专业教育学硕士（master of professional education，简称 M.P.Ed.），多元识读教育（Multiliteracies Education）方向。“Literacy”这个词直译为读写能力，传统意义上语文课就是在培养学生的读写能力。这个词也可以翻译为“素养”，比如“computer literacy”就是计算机素养，“information literacy”就是信息素养。“Multiliteracies”这个词的特点首先是把“literacy”变成了复数，又在前面加上了“multi-”。“Multi-”是一个表示“多”的前缀，比如多功能就叫做“multifunction”。“Multiliteracies”这个概念是由“新伦敦团体”（New London Group）在 1996 年提出的，这个词一方面强调了语言的多样性（linguistic diversity），另一方面强调了多模式的（multimodal）语言表达方式。简单地说，我在多元识读理论的主要研究方向是多元识读及多模态（multimodality）教学法。与传统的语言教学法相比，采用多元识读教学法的老师会在更大程度上利用社会符号资源（social semiotics）激发学生在语言学习过程中的主动性，同时利用科技手段，例如网络技术或各种手机应用，使教学手段更加丰富。在如今信息技术发达的时代，仅完成英文听说读写的教学工作远远不够，“多元”的含义包含了除传统的语言识读以外的视觉识读、声音识读和空间识读等多模态识读。西大的多元识读专业是一个两年全日制网络授课的项目，非常适合在职的老师进行专业进修。就读期间可以完全停止，也可以完全不停止工作，或者适当减少部分教学工作量。我在西大学习的两年时间阅读了大量的英语教学法相关论文，写了近二十万字的英文反思和数篇学术论文。最重要的是，我把很多学到的理论应用在我的教学实践中，又在实践之后对理论进行了情景化处理，从而梳理出最适合我的学生和我所在教学环境的教学法。

从“Literacy”到“Multiliteracies”

表情包重度爱好者——多元识读理论具象化

我最初开始对“multiliteracies”产生兴趣其实是因为我喜欢在社交网络聊天的时候使用表情，当没有使用表情的时候，我会觉得情感和内容都表达不充分（比如我觉得在表达“笑哭”和“裂开”的时候表情比文字生动得多）。我使用的表情主要包括表情包（memes），表情贴纸（stickers）和表情符号（emojis），我的手机相册里保存的图片里数量最多的就是各种表情包。其实“meme”这个词的含义范围其实应该比传统意义上的表情包要更大，但是我常用的表情包也只能叫做“memes”。

我对表情包所谓的“研究”是从研究自己开始的，包括我使用表情包的时候有没有什么特定的目的，是作为文字意义的补充，还是表达一种情绪；我和不同的人聊天的时候会不会刻意选择不同类型的表情包；当别人使用表情包的时候我正确理解他们想表达的情绪了吗。同时我会考虑到对方是不是对我发的表情包有共鸣，也会根据对话者的不同挑选不同的表情包使用。也就是说在开始学习“multiliteracies”之前，我已经对“多模态”有模糊的概念。

我在西大修的第一门课叫做 *Language and Literacy Curriculum, Pedagogy and Learning in a Changing World*，教授给我们布置的第一个任务是为“multiliteracies”设计一个比喻（metaphor）。这个任务在当时对我来说并不简单，因为多元识读是一个抽象的概念，当然这也是为什么教授希望我们能用一个具体的事物给“multiliteracies”做一个比喻，这样可以帮助我们更好地理解这个概念。教授启发我们可以从“literacy”入手，先给它找一个比喻，然后再发展到“multiliteracies”。但是因为我之前没有进行过系统化的语言学和教育学理论的学习，而且我对“literacy”的概念理解非常局限，感觉“literacy”就是读和写能力的统称（being able to read and write），所以在我读了一些教授布置的论文之后，还是没能给“multiliteracies”设计出一个确切的比喻。

然后我搜索了更多关于“literacy education”的论文，把这些文章中关于“literacy”论述的共同点都列出来，比如“literacy”在日常生活中起到基础性作用，但是没有“literacy”能力的人也能使用一些替代方法来完成生活需要（Heath, 1980），“literacy”可以在个人或社区发展（community development）的过程中起到促进作用（Scribner, 1984）。看着这些共同点，我忽然想到了交通（transportation），我觉得交通和读写能力有非常相似的地方。比如基本的读写能力（basic literacy skills）就像最简单的交通方式——走路一样，走路可以让你去到一些地方，但是只靠两条腿不可能走到太远的目的地。复杂一点的高级读写能力（advanced literacy skills）就像各种现代交通方式，有天上的、地下的和水里的，可以带人们上天入海，踏上更遥远的征程。

在我们每个人都有了大概的想法之后，教授开始让所有同学在学习平台上分享自己的比喻。同学们的想象力和创造力真的让我大开眼界，他们中有的人把读写能力比作食物，有的人把读写能力比作音乐，还有人把读写能力比作太阳，从大家选择的比喻方式里我看到了文化背景、生活和思维方式的不同对每个人关于“literacy”理解的影响。同时，大家在自己的比喻里体现的文化和地理特征等众多方面也让我深受启发，于是我开始着手探讨交通这个比喻是如何体现文化和地理特征的。比如我举了沙漠地区用骆驼作为交通工具的例子和水城威尼斯用贡多拉（“gondola”，两头尖的平底船）作为交通工具的例子。在补充了这些特征之后，我觉得我选择用交通来比喻读写能力真的是很恰当，但在这个时候我还没充分理解教授让我们完成这项作业的全部意图。教授解释说设计一个比喻除了能帮助我们理解抽象的概念之外，还能帮助我们换一种思路去重新审视“literacy”教育者和学习者的角色。其实我们每个人把读写能力比作不同的事物也反映出我们作为语言教师对语言教学的不同理念。比如像我觉得“literacy”像交通，那么学习“literacy”就是像学习驾驶一种或多种交通工具，像开车、开船、开飞机之类的。对于新司机来说，开车的时候出现剐蹭现象是很正常的，所以作为英语老师，我也要给学生创造一个具有包容性的学习环境让他们不怕犯错。我在学习开车的时候首先学的是交规，认识各种标志牌，而这些标志牌都是在路上真实存在的，所以学生学习语言的时候用的也应该是真实的材料（比如上文提过的“Argos”的商品目录和购物网站等），而不应该是脱离真实生活和学习环境的材料。还有一点不能忽视的是，在有些国家汽车是靠右行驶的，在另一些国家汽车是靠左行驶的，所以我们的教学活动和学习材料的设计也应该是场景化的，要让学生沉浸在一个将来他们可能会生活的情境中，学以致用。随着课程的推进，我越来越理解为什么这门课会是我们专业的第一门课，因为老师如何看待他们需要教学的内容以及如何看待他们自己作为教育者的角色，会在极大程度上影响老师们创造的课堂环境、设计的教学活动以及使用的评测教学效果的手段。

为我的教学经验寻找理论依据

场景式设计

在进入西大学习之前，我的教学方法是基于我自己学习英语和国外学习的经验。我希望把国外的生活和学习场景“搬”到我的课堂上让学生提前体验和适应，也就是“场景式教学”，力求让他们在准备语言考试的同时能对国外的真实环境有所了解，尽量减少他们出国后遇到困难的可能性。同时我希望学生能在学习语言的同时学习一些学科知识，尤其是和他们出国之后可能会遇到的生活及学术场景相关的知识。但是在我刚开始教课的时候，因为一切从经验出发，没有理论基础，所以我只能从学生的考试成绩的提高幅度来判断我的课程设计以及教学法使用是否有效。当学生的考试成绩没有显著提高的时候，我就会质疑自己的教学方法是否存在问题。当然我也知道，每个学生的认知结构不同，教学时要针对学生的具体情况加以调整。有时候学生自己反馈感觉课程内容很有用，通过上课也确实学到了一些东西，但是如果不能在成绩上反映出来，我就会很困惑，因为我觉得我应该帮助学生在提高能力的同时也提高考试成绩。在系统学习教育学之前，我一直在使用场景式教学法设计课堂活动和教学材料。这个主要是因为我自己学习英语的时候注意到很多单词的含义在不同的场景中是不同的，比如玩游戏玩到一半暂停了再想接着玩点的那个“resume”（重新开始）按钮和找工作的时候发的“resume”（个人简历）就不是一回事。所以想真的掌握一些新单词，就要知道这些词在不同的场景下是怎么使用的，以及哪些单词容易出现在同一个场景中，比如“resume”做“个人简历”讲的时候就容易出现在上文提过的找工作场景里，可能会和“work experience”，“qualifications”和“references”这些词一起出现。

我在西大上课期间找到了一些场景式教学的理论依据，这种教学方法由来已久，但是我最初接触到的理论包括 Gee（2010）的情境学习法（situated learning approach）、Lave and Wenger (1991) 的情境学习理论（situated learning）、Axelrod（1973）的图式理论（schema theory）以及上文提到的 CLIL 等。场景式教学的核心在于让学生沉浸在特定的场景中，不过课堂教学的场景设计和真实的生活状态肯定没办法完全相同，况且我的课堂教学也不能完全不考虑应试的问题，因为我的学生学习雅思或托福的主要目的就是要在语言考试中获得理想的分数来申请国外的大学。我个人认为“应试”本身并没有问题，可以是语言学习的目的之一，毕竟语言成绩就是大学录取的硬性要求。但是“应试”绝对不能是语言学习的唯一目的，因为一切以考试成绩为目的的学习，在考试结束后就会终止，但是“考试”这件事永远都不会终止。在本科阶段、研究生阶段以及工作之后，我遇到的每一场不在学校考场里的“考试”，难度都比雅思托福大多了。

说回场景。我给学生上听力课的时候都是从日常的衣食住行场景入手，比如上文已经谈过私人交通方式了，那么我再来说说公共交通（public transportation）这个场景。交通这样的话题在雅思听力和口语考试中既可以单独出现,也可以和其他场景融合在一起出现,比如旅行这个话题就可以包含和交通有关的内容。我的做法是首先要帮助学生检验一下他们对这个场景中高频出现的词汇准备是否达标，而且既然这个场景经常在听力和口语这两部分出现，那么考生对词汇的掌握就必须包括能够识别这些单词的发音以及能正确读出这些单词。公共交通我们用机场这个话题来举例，因为出国留学的学生到达国外后第一个独立面对的生活场景就是机场的相关事宜，所以这个话题考到的概率肯定很高，《剑桥雅思7》Test1 听力的 Section1 就考到了机场这个话题。准备机场话题的时候可以参考自己坐飞机的行程，从订机票开始一步步梳理。订票的时候需要掌握表示预订的动词（reserve 或 book）以及它们和名词搭配的使用方法，比如“reserve a ticket”（订票），当然还有“reserve a table”（订餐位）这种搭配也很常用，可以一起准备；接下来是各种舱位的表达方式，比如头等舱（first class）、商务舱（business class）和经济舱（economy class）；机票类型比如单程票（single/one-way tickets）和往返票（return/round-trip tickets）；票价的常用说法“fare”，比如“bus fares”“train fares”“air fares”等。具备基础的词汇之后，考生需要检查自己能否使用简单的语法结构完成属于这个场景的基本交流，比如用语法知识把场景词汇正确地串联起来，并储备一些常用的表达方式。像订票的时候常用的表达方式“I’d like to make a reservation to 某城市”或者“I’d like to book a ticket to 某城市”。机场的部分也需要了解国际出发（international departure）和国内出发（domestic departure），以及国际到达（international arrival）和国内到达（domestic arrival）的表示方法。换登机牌（boarding pass）的时候，工作人员可能会问乘客座位上有没有偏好（preference），比如有的人喜欢坐窗边的座位，有的人喜欢走道的座位（aisle seats）。像“aisle”这个词大家一定要注意读音，s 这个字母是不发音的。坐飞机的时候我们通常都会带一些行李（luggage；baggage），这两个词不可数，所以表示一件行李的时候应该说“a piece of luggage”或者“an item of luggage”，不能直接说“*a baggage”或者“*a luggage”，但是“suitcases”（箱）和“bags”（包）这类词是可数的，可以说几个箱子几个包。公共交通还包括很多其他交通工具，比如机场大巴（airport shuttle）、豪华轿车（limousine，有一些机场的巴士是这种车型）、游船（cruise，常用在旅游场景中）、轮渡（ferry）、长途车（coach，这个词有另一个常用的意思是教练，也会出现在 sports clubs 这类的话题中）、双层公交车（double-decked bus）、火车（“train” or “railway”）、出租车（“taxi” or “cab”）、地铁（“underground”“subway”“tube” or “metro”）和有轨电车（“trolley”“tram” or “streetcar”）等。

基本的场景词汇和语法都了解之后，就要补充和这个场景相关的背景知识，比如经常坐飞机的人就算到了一个陌生的国家，即使语言障碍还不能完全克服，但这个人依然有很大可能性可以根据自己对机场的了解完成登机牌办理、安检和找登机口等流程，这些流程以及机场的环境就属于这个场景里语言能力之外的背景知识。补充背景知识其实很有意思，它能缓解背单词的枯燥，而且对真实的海外生活有帮助，至少在行李没跟上飞机的时候能自信地走到地面工作人员面前寻求帮助。

按照生活场景来设计课程内容是比较简单的，我一般是通过《剑桥雅思》系列的题目涉及到的场景和我自己在海外生活的经验来规划安排，同时也会参考不同的词汇书对这些场景的内容进行补充。如果大家自己在准备这类词汇，我给大家推荐剑桥大学出版社的 *Vocabulary in Use* 这套书。这套书分 *Basic Vocabulary in Use, Vocabulary in Use Intermediate* 和 *Vocabulary in Use High Intermediate*（以下简称 High Intermediate）三个级别。我只买了 *High Intermediate* 这本，大家可以按照自己的需要来选择适合自己程度的参考书。*High intermediate* 这本书适合 CEFR（Common European Framework of Reference for Languages：欧洲语言共同参考框架）B2 级别及以上的英语学习者（McCarthy et al., 2010）。CEFR 是一套描述外语学习者语言能力程度的标准体系，B2 级别大概对应雅思 4 ~ 5 分的水平。这套书不仅能用来学习单词的含义，还能学到单词的用法，而且读者还能通过书里提供的练习题来检验和巩固自己的学习效果。*High intermediate* 这本书有 100 个单元，其中有部分单元的内容是按照话题，也就是这一节里反复提到的场景来组织的。还以 *Transportation* 话题为例（本书第 54 单元，p. 108），这部分单词是以交通方式的类型来组织的，且每种类型里都包括交通工具的名称，交通工具各主要部分的名称，驾驶员以及相关配套设施。以陆路交通为例，这本书除了包括各种车辆名称之外，还包括车的主要部分，例如引擎（engines），后备箱（trunks）和轮胎（tires）等；驾驶员（drivers or chauffeurs），还有配套设施比如加油站（gas stations），车库（garages）和公交车站（bus terminals）这些词汇。学生可以利用这本书来学习和提高自己的单词量，老师可以参考这本书的内容来设计自己的课程结构。

这本书里有的专题非常适合在基本场景设计完之后再进行一轮补充，以上文提到的住宿场景为例，除了房屋类型，家中设施等要点之外，还可以借助本书第 41 单元（p. 82）*Everyday problems* 里的内容补充一些家里可能出现的小问题。这个单元给出了几个例子，比如洗衣机坏了（The washing machine broke down），水管漏水了（a pipe is leaking），停电（There must be a power failure/power outage）之类。本书第 62 单元（p. 124）“Money and finances”把很多和银行场景有关的词串成了一篇短文，这篇短文里提到如果别人问你如何付款（How will you be paying?）的时候，可以回答“In cash”，“By check”或者“With a card”。平时总听到学生说“*by cash”，受这一节内容的启发我把付款方式也加入了银行场景的课程中。

这本书里还包含了一些惯用语表达（idiomatic expressions）的单元，比如第 83 单元就是专门讲解用来描述感受及心情有关的惯用语（p. 166），比如表达积极的情绪和状态的时候可以说“on cloud nine”（不知道意思的小伙伴可以根据“nine”和“cloud”以及表达积极情绪和状态这个提示来猜猜看），表达消极情绪和状态的时候可以说“heart sank”等。这个单元还建议，利用星座运势（horoscopes）来学习关于感受和情绪的表达方式，其实我有时候也会看星座运势，但我之前还真从来没想过利用星座运势来学习描述情绪和感受的口语表达。星座运势的确经常告诉大家每个星座的人在接下来的一周或者一个月会有什么样的感受，而且用词都比较口语化。惯用语之所以需要积累，是因为虽然单词比较简单，但是组合起来我们却不一定会使用。比如单元节选的摩羯座（Capricorn）的运势里讲到“Don’t get carried away…”“get”“carried”和“away”这几个词都很简单，但是“get carried away”就是“get so excited that you are no longer in control of what you do or say”的意思，也就是我们平时说的得意忘形。积累这样的惯用语能激活我们已知的简单词汇并把它们组合起来，对口语能力的提高很有帮助。

根据场景来设计课程学术场景的内容比设计生活场景难度要大一些，但是挑战就会带来机遇，具体来说这个机遇就是学习的机会。为了保证课程内容的准确性，我自己要不断阅读各个学科的科普文章来提高自己的知识储备。说到这我再给大家推荐一本集单词学习和知识积累于一体的工具书——《韦小绿》（Cornog, 2010）。这本大名鼎鼎的《韦氏词根词典（Merriam-Webster’s Vocabulary Builder）》，因其封面封底皆为绿色，所以江湖人称“韦小绿”。很多学习英语的人可能都知道这本书，豆瓣评分 9.7 绝对可以在很大程度上说明它的受欢迎程度。《韦小绿》可以用来帮助读者积累词根词缀，从而达到帮助读者持续扩大单词量的目的。相比积累词根来说，我更喜欢这本书的地方是作者为每个单词提供了一小段解释。就算不用来学英语，这本书也非常适合当睡前读物，让大家每天睡觉之前涨涨知识也是极好的。

我给大家用“neo-”这个词根举个例子（p. 300），首先书里讲到“neo-”来源于希腊语“neos”，意思是“新的”。在“Neolithic”这个词的解释段里提到了“lithos”在希腊语里是石头的意思（雅思和托福考生应该都背过岩石圈“lithosphere”这个词），所以“the Neolithic period”就是石器时代里新的或者最晚的时期，我们称其为新石器时代。这个概念是相对于“the Paleolithic period”（旧石器时代，paleo 意思是 ancient，古老的，早的）和“the Mesolithic period”（中石器时代，meso 意思是 middle，中间的）提出的。通常情况下我们说的新石器时代指的是从大约公元前九千年开始到大约公元前三千年左右结束，之后青铜器时代（the Bronze Age）就开始了。新石器时代各地的人们开始使用磨制石器工具（polished stone tools）从事农业和畜牧，开始过上定居生活（permanent settlements），陶器（potteries）也在这个时期出现。这一小段看完之后，知道了“neo-”表示“new”，学了好几个和石器时代有关的单词，复习了历史知识，捎带着还积累了跟地质学有关的词根。

“Neo-”这组单词里还包括“neoclassic/neoclassical”（p. 299-300），如果认识“classic/classical”（古典的）的话那很容易猜到“neoclassical”的意思是“新古典主义的”。读者读到这肯定好奇新古典主义到底是什么，接下来作者详细的解释就能满足我们的求知欲了。新古典主义主要指的是在美术、音乐和建筑方面重振古希腊和古罗马的艺术形式。新古典主义从字面上就表达出了是对古典主义的复兴（revival），那就说明新古典主义时期之前一段时期的艺术形式肯定有区别于古典主义时期的特点，它之前是巴洛克时期（the Baroque Era），而巴洛克艺术崇尚豪华气派、富丽堂皇，新古典主义则旨在振兴古典主义的典雅、庄重和高贵。“Baroque”这个词来源于葡萄牙语，本身就是“irregular（不规则的）”意思，而古典主义和新古典主义遵循严格的艺术规范，和巴洛克时期明显不同。这些详细的解释是我最喜欢《韦小绿》的地方，因为我要认识“neoclassical”这个词，并不是只想记住“新古典主义的”这几个字，而是想知道什么叫“古典主义”，什么叫“新”，这个时期具有代表性的艺术作品都有什么。

《韦小绿》里还有一些专题板块，比如在第 39 到 42 页神话词根专题（Words from Mythology）里介绍“mercurial”（善变的）这个词的时候讲到了墨丘利神（the god

Mercury）是速度（speed）的象征，它拥有带翅膀的帽子（winged cap）和带翅膀的鞋（winged sandals），水星在罗马神话中以墨丘利神命名就是因为水星是行星中运行速度最快的（the fastest-moving of the planets）。在介绍“jovial”这个词的时候作者讲到了朱庇特神（the god Jupiter），它相当于希腊神话里的宙斯（Zeus），是神中之王（the chief among the gods）。以朱庇特神命名木星是因为木星是行星中最大的一颗。这些和天文学有关的知识在托福听力文章中都是有所体现的。再回到“mercurial”这个词，我从《韦小绿》中学到，mercurial 这个词其实更接近于“mercury”的另一个意思，水银。水银和善变这个词是怎么联系起来的呢？大家如果摔过水银体温表的话，就会发现里面的水银会快速散落到各处，摔到哪个方向是完全不可预测的（unpredictable）。那么如果一个人的情绪变化快而且又“unpredictable”，我们就可以说这个人脾气性格是善变的（mercurial temperament）。

我对《韦小绿》作者玛丽·伍德·科诺格（Mary Wood Cornog）渊博的学识是非常敬佩的，一个人对某一个领域的知识有深入的了解是很常见的，但是这本书收集的单词涉及的知识面太宽，而作者能对这些单词相关的学科知识信手拈来，字里行间能感受到作者驾驭语言的从容。我从来不把《韦小绿》当作一本单词书，我觉得它就是一本故事书，随时可以拿出来读，既解闷又长学问。像以上例子中，石器时代的相关词汇和背景知识都曾在托福听力阅读的真题中出现过，也和雅思的考古场景有很多重合。天文学更不用说了，托福考生应该都知道天文学在托福听力阅读中出现的频率，所以我强烈推荐雅思托福考生在备考的时候用这本书来放松顺便补充背景知识。但如果有些考生刚刚开始备考，或者其他不以考试为目的的英语初学者，现阶段词汇量还比较小，比如还没达到 5000 的话，那暂时是不推荐读《韦小绿》的。因为不具备基础词汇量的人读这本书可能需要经常查词典，对阅读体验有一些负面影响。各种词汇书的侧重点不同，所以雅思托福考生备考的时候还是应该重点使用和考试相关的词汇书，很多《韦小绿》收录的词汇并不是雅思托福考试的核心高频词汇，不适合作为备考的核心书目。但是我强烈推荐大家把《韦小绿》带在身边或者放在枕边没事就翻翻，不用刻意背，反复看几遍有个大概的印象就行。

《韦小绿》共有 30 个单元，每个单元讲 40 个单词，所以理论上这本书一共讲了 1200 个单词。每个单元里有五组单词，每组讲两个词根，每个词根讲四个单词，每个单元的第五组都是和神话或者历史有关的单词。但是我保证读完这本书大家的收获会远远大于单词量的增加。这本书开本不大，又很轻，便于携带，穿羽绒服或者大衣的话可以直接放口袋里。

这本书的每组单词之间没有必然的联系，这种内容安排的方式为读者随时利用碎片时间学习提供了便利。哪怕只有十几分钟的空闲，也可以拿出《韦小绿》来读两页，而且完全不用担心和前面的内容连不上。我到现在依然不喜欢单纯地背单词，但是我很喜欢在学习不同科目知识的时候顺便积累单词，我的单词量就是在不断的输入和输出的过程中逐渐积累下来的。死记硬背可能很快就忘了，只有让单词融入生活，每天都出现在周围，我才能真正拥有它们。就好像我们认识了一个人，可是从不和他相处，那又怎么能真正了解这个人呢。把背单词当成任务，它就很枯燥，但是如果把单词书当故事书看，可能就没有那么痛苦了。

再说学术场景的课程设计，以《韦小绿》“Neolithic”这一段为要点，从“Neolithic period”“Mesolithic period”和“Paleolithic period”这几组词入手，可以设计出一个以考古学为主题的学术场景。一般来说我会找张纸，然后把这几组词写在中间，再把能联想到的词画成一张思维导图。给大家推荐一个非常好用的手机应用来帮助完成词，这个应用叫“Thesaurus Free”。比如我们查“Neolithic”这个词，页面上会出现“Neolithic age”“new stone age”“stone age”“period”这几组词，如果单词是显示蓝色的话那我们可以继续点击。比如点击“stone age”，页面就又会出现“archeology”“prehistorical culture”“eolithic”“Paleolithic”和“Mesolithic”这些词，同样这组词里蓝色又可以再继续点下去。如果点单词旁边的思维导图图标的话，还能直接看到系统自动生成的思维导图。即使并不需要设计课程，我也推荐学习英语的人尝试使用这个应用，把单词织成一张网，不要让它们以点状的形式分散存在。多了解哪些词可以在同一个场景下使用，哪些词的关系更近一些，那些一词多义的词在特定的场景里是什么意思，这样才能识别和恰当地使用背过的单词。确定了一节课需要包含的词汇之后，我会用背景知识将这些单词串联起来，再配以和这个场景有关的真题，这个方法也适合考生在备考雅思、托福的时候安排自学的进度。

接下来我再说说词汇的搭配问题。雅思、托福和思培这些语言考试的写作部分都有词汇这项评分标准，而这个标准都包含了词汇的搭配（collocations）这项内容。也就是说，想在写作词汇这项拿到高分，只知道一些独立的单词是不够的，就算考生的每句话都是由高大上的词汇堆砌起来的，但是词汇搭配不当也依然不能准确地传达作者想表达的意思。说到这，我要推荐顾家北老师的《手把手教你雅思词伙》这本书，我自己看了觉得受益匪浅。这里的词伙指的就是“collocations”，即使你并不需要考雅思，也可以从这本书里学到构建词伙的思路，然后自己总结出一系列适合自己在写作和口语中使用的词汇搭配。比如我们想使用一个名词，那通常要了解这个名词需要和什么样的形容词搭配以及和什么样的动词搭配。我曾经遇到过学生想写“做实验”，结果写了个“make an experiment”，应该就是觉得“make”可以当“做”讲吧。但是查一下词典就能知道，和“experiment”搭配能表示做实验的动词是“do”“conduct”“carry out”和“perform”，而“make”并不在其中。这类错误其实就跟我以前还处在英语不好的时候常犯的错误差不多。大概就是那时候我没机会自己表达“做实验”，不然我可能也会用“make”，当然我也有可能歪打正着地选了“do”。像“carry out”和“perform”这类词虽然不难，但是我肯定想不到它们能和实验搭配在一起用。

对于喜欢用单词书背单词小伙伴，我给大家推荐柯林斯（Collins）的 COBUILD（全称 *Collins Birmingham University International Language Database*）雅思词汇（Key Words for IELTS）系列。同样，如果你不需要考雅思，也可以用这套书积累单词和词组。这个系列共有三本书，第一本是针对单词量非常基础的考生（starters），对应雅思总分大概在 4.0 ~ 5.5 这个区间；第二本是针对中等基础的考生（improvers），对应雅思总分大概在 5.5 ~ 6.5 这个区间；第三本是针对基础好的考生（advanced），对应雅思总分在 7.0 及以上。我喜欢这个系列的单词书的第一个原因是书中给每个单词都分了类，刚好对应我一直提到的场景。其次，这本书的编者给出了每个单词使用时的搭配方法，也就是上文提到过的“collocations”。只有大量掌握“collocations”，才能解决很多人“明明背了很多单词，但是写作和口语的时候还是觉得自己词汇量有限”的问题。如果你不知道自己背的那些单词应该怎么使用，那肯定就不敢用或者根本想不到拿出这些单词来用。我给大家举一个《柯林斯雅思词汇（高级）》这本书里的例子，作者主讲的是“accelerate”（加速）这个动词（p. 29），但是同时给出了“accelerate”的搭配方法，包括表示加速到多少的时候使用的“accelerate to”，表示加快增长的“accelerate growth”，表示加快步伐的“accelerate pace”，表示加快进程的“accelerate a process”，表示加快趋势的“accelerate a trend”，表示加快时间表的“accelerate a timetable”，表示加速程度的“accelerate smoothly”（平稳加速）“accelerate rapidly”（迅速加速）“accelerate gradually”（逐渐加速）和“accelerate sharply”（急速加速）等。这个例子包含了动词和介词的搭配，和可数及不可数名词的搭配，和副词的搭配。如果不了解这些搭配，只是知道“accelerate”这个词是加速的意思，那么自己在使用这个词的时候就有可能出现错误。

经常有学生问我，这么多背单词的软件应用哪个更好。在我看来，使用哪个应用并不重要，因为我自己接触过的背单词软件我觉得都挺好的，有发音、例句、配图和巩固练习。在选择背单词的方式之前一定要先了解自己适合的学习方式，比如有的人要学习的时候需要在纸上写印象才深，有的人需要和别人讨论学到的知识印象才深，我对于图片信息的印象比文字类信息更深。根据自己适合的学习方式选择最有效的学习方法和最恰当的学习材料，才能极大程度地提高学习效果。在选定了背单词的方法或者应用之后，最关键的就是要坚持下去，并且做到在使用手机应用背单词的过程中不分心。这件事对我来说其实挺难做到的，我是一个思维比较活跃的人，经常做着这件事就想起别的事了。我在看郭老师写的《郭论》的时候，读到宋徽宗、李师师、周邦彦那一段，郭老师讲了周邦彦作的《少年游》，其中有一句“纤手破新橙”，我读到这就非常想吃橙子，橘子也行，反正我就得立刻吃点水果；还有一段讲《西游记》的，郭老师讲到唐僧的爸爸陈光蕊在洪江放生了一条金色鲤鱼，结果这条鲤鱼是此地龙宫的龙王，读到这我就想到我在故宫文创买过一个鱼跃龙门的书签，但我忘了把它放在哪了，于是我就开始在抽屉里到处翻，非得找着这个书签。用手机应用背单词也一样，例句里提到什么吃的，我可能就打开大众点评搜一遍；配图里再有个让我想起的哪首歌，我也得打Q音乐去听一遍。所以说，选择哪本书和哪个应用背单词都可以，关键是能不能按照计划每天坚持完成任务并且保证学习质量。从我自己背单词的经验来说，新单词只背三五遍是肯定记不住的。我必须把单词融入我的生活，反复看到并使用很多次之后才能真的记住。

多学科融合

在修课程领导（*Curriculum Leadership*）这门课的时候我做了一个小规模的实证研究，参与者是我当时正在教的托福班的学生。这个研究探讨的主题是师生共享教学领导（shared instructional leadership）以及如何进行跨学科教学设计（interdisciplinary curriculum design）。这里要特别说一下，虽然英文我用的“interdisciplinary”，但这个设计还不是真正意义的“跨学科”，所以我叫它“多学科融合”。当时做这个研究的灵感主要来源于托福真题中的跨学科融合场景。比如托福听力里考过金星上的火山，如果按照场景来设计课程的话，我一般将金星归类在天文学场景里，而火山一般是归类在地质学场景里，而金星上的火山则实现了天文学和地质学两个场景词汇和背景知识的交叉。所以我设计了这个研究让学生讨论不同的场景是如何实现学科交叉的。这项研究的主要目的是探讨师生共享教学领导对学生英语学习的促进作用以及对教师的影响，还有就是学科融合课程设计面临的挑战和可行的应对措施。

因为多学科融合教学实验效果很好，所以后来我也经常给学生们创造机会让他们参与到类似的讨论中来，我们有过很多次有趣的讨论，其中几次都源于学生们在看美剧或是刷微博的时候刚好遇到了某个他们刚接触到的单词。有一次班里一个看过《生活大爆炸》（*The Big Bang Theory*）的学生在参与讨论的时候说剧中 Raj（Dr. Rajesh Koothrappali）是一位天体物理学家（astrophysicist），天体物理是物理学的一个分支，这说明天文学和物理学之间是有着天然的密切联系的。因为班上的其他同学也都对这个话题非常感兴趣，刚好 LIGO（The Laser Interferometer Gravitational-Wave Observatory，激光干涉引力波天文台）刚刚宣布探测到引力波（gravitational wave）以及观测到黑洞碰撞（colliding black holes），所以我们就在课上进行了热烈的讨论。当时有位学生提出一个疑问，他们本来以为碰撞（collision）这个词应该分类在地质学（geology）场景，因为托福里有一篇讲火星表面的文章提到了板块碰撞（the collision between plates）。但是他们在引力波的相关视频里看到官方介绍黑洞碰撞的时候也用到了这个词，所以学生们感觉好像把这个词分类在天文学场景里也很合适，所以他们对于场景词汇的分类标准有些疑惑。我没有给学生标准答案，因为我觉得场景词汇的分类本来就应该是一个动态的过程，有些学生认为黑洞可以分类在天文学，板块可以分类在地质学，碰撞应该属于基础词汇，不归类于任何一个场景；有些学生干脆把黑洞碰撞作为一个词组分类在天文学，把板块碰撞分类在地质学，我觉得这都可以。更重要的是，学生们经过讨论、思考和提问，已经进入到了比单纯接收知识更为复杂和理性化的研究性学习（inquiry learning）的过程中，这样的思考和学习方式会帮助他们在以后遇到新的学科融合知识的时候可以自主梳理体系。

从玩中学，从学中玩

我在西大学习的时候，我的教授给我们分享了一段语言学、教育学家詹姆斯·保罗·吉（James Paul Gee）在 2011 年的一段讲电子游戏（video games）与语言学习，以及学习成果评估的视频，我一直对这个视频的内容印象深刻（Connected Learning Alliance, 2011, August 5）。Gee 教授讨论的电子游戏指的是包括像任天堂一类的主机游戏和“魔兽世界”（World of Warcraft）那种探索未知世界、完成历险的电脑游戏。Gee 教授提出一个很有意思的问题，为什么我们在学校里学习一门课一学期之后需要通过考试来检验学习成果，而玩游戏的人在玩了几天、十几天甚至几十天直到玩通关了，也学习了很多和游戏有关的知识和技能，却不需要参加任何与这个游戏有关的考试呢？因为我们信任游戏的设计者，他们让玩游戏的人在玩的过程中学会了必要的知识和技能，而且玩家在玩游戏的过程中已经利用自己具备的知识和技能与其他游戏者合作解决了实际问题。我们不需要让游戏玩家考试，是因为在玩游戏的过程中我们已经看到了他们的学习成果。Gee 教授谈到很多年轻人爱玩的手机游戏和电脑游戏其实并不简单，有一些人玩英文版游戏的人母语还不是英语，他们在玩的过程中不管是查单词也好还是用什么其他的方法，总之是想办法克服了语言障碍。在这个过程中，游戏玩家非但不觉得痛苦，反而觉得很享受，这确实是游戏设计者的成功。

我读过很多 Gee 教授关于社会语言学和话语分析（discourse analysis）方面的论文，但是没怎么接触过他专门分析游戏与教育方面的研究。在看了这个视频之后，我买了 Gee 教授的《游戏改变学习：游戏素养、批判性思维与未来教育》，（孙静译）（*What video games have to teach us about learning and literacy*）这本书。这本书讨论了游戏素养以及批判性思维的培养，推出了 36 条与之相关的学习原则，为教育工作者尤其是课程设计专员打开了全新的思路。英语课程设计者可以利用这些学习原则来指导自己的课程设计，比如第 17 条“情景意义原则”和场景式教学的设计原则是一致的（p. 172），Gee 教授举了一个关于“卧室”的例子：比如一个人知道一间卧室里通常有床、桌子和柜子之类的物品，他脑子里会形成一个列表，列表里包含这些单词。当他知道有的人卧室里还有其他物品比如小冰箱，他就会把“小冰箱”这个词加入到之前的列表。当他再知道有的人的卧室里还有一个加湿器，那他就会继续把“加湿器”这个词加入那个列表。这个列表可以无限扩大，但是需要我们死记硬背，也很难与我们的生活经验直接联系起来。Gee 教授建议，我们可以在脑中构建一个视觉模式，就像一张图片，具中有我们刚才说的各种物品。当你在这张图片上修改信息，比如添加一些家具，或者添加一些电器，再或者添加一些装饰，你就能联想到这个卧室的主人可能是多大年龄，那个卧室的主人可能是什么职业。这就是情景化对我们的学习起到的促进作用，所以上一章讲住宿场景词汇的部分，我建议学生们在家里边看边把单词和物品对应起来。

Gee 教授的这本《游戏改变学习》不仅启发了我对于课程设计的创新，以及使用适当的游戏作为教学活动的辅助的思路。更重要的是，这本书提醒我，作为一个教育工作者要对可以作为教学材料的资源保持敏感度，并且时刻思考这些资源能为我的教学实践带来什么新的灵感。后来我也开始尝试把游戏融入教学，不过不是 Gee 教授讨论的电子游戏，而是和语言学习有着更直接关系的手机游戏。我很喜欢一个叫“Elevate”的应用，这个应用设计的目的是帮助英语为母语的人进行脑力训练，产品描述中说这个应用可用于提高注意力、说话技巧、处理速度、记忆力、数学等多项技能。我自己用了一段时间之后觉得这个应用非常适合母语非英语的人用来提高英语水平，当然前提是使用者具备一定的单词量，我觉得至少要具备四级单词量（4000～4500）。了解母语为英语的使用者如何提高英语听说读写能力对于英语为二语的学习者来说可以获得一种全新的学习语言的思路，顺便可以尝试是否能在二语学习的过程中不再以母语为媒介，尽量减少对母语的依赖。这个应用里的游戏分为听、说、读、写和数学五个大类，每个类别里有很多不同的游戏，有些是免费的，有些需要付费才能使用。拿写作部分的游戏来说，*Expression* 这个游戏测试使用者对于日常表达的掌握情况。具体玩法就是屏幕上出现一个句子，里面会包含一个常见的短语表达方式，使用者判断对错之后点击相应的“Valid”和“Error”按钮。一般如果这个短语是错的，不会错得非常明显，比如该用“the last straw”的时候用了“the last draw”，有时候看得不仔细就会点错。如果遇到不认识的词组选错了，系统在标记错误之后还会提供两个词组的解释。

这个应用的非付费用户每天可以解锁三个不同的游戏，付费用户可以解锁五个。使用者完成每个游戏后系统会根据完成情况，比如正确率和用时，获得相应的分数。每个使用者可以通过“Performance”功能看到自己各项技能的分数，以及在所有使用者里的排名比例。我使用这个应用已有一段时间，感觉有些技能和我在考试中体现的水平不太一致。我的阅读是在这几项技能中分数最低的，在所有使用者里排名比例 42%，也就是说我的阅读水平超过了 42% 的使用者，但是我在参加英语考试的时候阅读这项通常是考得比较好的。写作这一项我的排名比例是 90%，也就是说我在这一项的得分超过了 90% 的使用者，这和我参加英语考试的成绩也不太符合，以雅思为例，我的写作分数是所有项目中最低的。不过我觉得我的英文写作水平还可以，因为后来学了教育学之后我的英文论文分数都很高。在数学这一项我的排名比例是 97.7%，也就是只有 2.3% 的使用者超过了我，这项我觉得一点问题都没有，我对自己的数学基本功还是非常自信的。数学游戏都是一些基础数学能力，比如 *Estimation* 这个游戏就是给出一些小数点后面有两位的数字让大家快速心算得出一个大概的结果，算得越快越准确的使用者获得的分数就越高。

这个应用提供的游戏对语言学习都很有帮助，但是对我来说最有用的是通过看系统生成的报告来回顾我在游戏中犯过的错误。我最初觉得这个游戏适合英语学习者也是因为很多学生在学习语言的过程中缺少一个总结和回顾错题的过程。而这个应用的使用者可以通过回顾系统提供的反馈报告逐步培养自己不断反思的学习过程，并为自己的学习情况提供反馈的习惯。通过系统反馈报告发现我经常会混淆形近的单词，这个问题我在第一章的“我是如何背单词的”一节中举过一些例子，后来我使用 *Elevate* 这个应用之后发现直到现在我依然存在这样的情况。这主要是因为我学习新单词的时候总是联想它大概的形状造成的。有一次我玩游戏的时候就把“verses（诗篇，“verse”的复数形式）”和“versus（与……相对）”看混了。这两个词不仅长得差不多，还是“homophones”（同音异形异义词），通过读音也分辨不出来。通过反馈报告看到了这个问题之后，我就找到两个词的差异点，这两个单词只有一个地方不一样，就是倒数第二个字母的位置一个是“e”一个是“u”。“Verses”的倒数第二个字母是“e”，这个词是和“poem”相关的，“poem”里也有个“e”，那另一个词的倒数第二个字母就是“u”了，记住这一点我就没有再看错过这两个词。学习就是需要通过不断地回顾自己犯的错误，反思犯错的原因，及时调整学习策略，而这个应用已经替我们迈出了反思过程中回顾错误的第一步。

从讲台到幕后：教研与课程开发

我教雅思托福的时候，我的学生当中年龄最小的是高一的学生，部分学生是大学生甚至已经工作的成年人。在那个时期我对年龄较小的英语学习者没有太多的关注。但是我发现很多学生之所以觉得雅思托福很难考出满意的成绩，是因为他们从小开始学习英语的时候没有养成良好的习惯，基础打得不够扎实。再加上最近几年我的一些同学和朋友都开始和我讨论孩子的教育问题，尤其是英语学习方面的问题，这也让我对青少儿的英语学习产生了更浓厚的兴趣。因为如果能让学生从较小的年龄就养成好的学习习惯，那么他们未来的语言学习之路就可能会走得更顺畅。抱着这样的目的，我开始在教授雅思托福的课程之余，研究年龄更小的英语学习者的特点、学习习惯和策略，并开始参与少儿英语的课程的设计工作。

其实在我进入西大学习之前，就已经在设计自己的雅思和托福课程内容了，包括制定课程目标、教学活动、课后练习和检验学习效果的测试等。但那时候更多的是根据自己学习英语的经验，以及参考自己作为雅思考生，我的老师们的授课方式。我自己教的语言类课程除了真题的使用之外，其他内容都需要自己设计，我教的学术写作课程也是一样，而且还需要根据每位学生的专业不同进行个性化的课程设计。但不管是语培课程还是学术写作，我都是自己教自己设计的课程。在教学经验比较丰富之后，我觉得我可以逐渐把主要精力转到教研方面，同时开始更多地关注年龄较小的学生。自己设计的课程自己教的时候，即使课程设计中有不完善的地方，我也可以在讲课的过程中进行补充。我设计的少儿英语课程是由外教老师进行授课的，这其实对课程设计人员和授课人员的交流要求很高。课程设计人员需要通过观看课程录屏来不断对课程内容进行改进以达到最佳教学效果。

在第一章里我提到过我自己英语基础知识学得就不扎实，对于名词是否可数的判断经常不准确，所以在给小朋友辅导英语或者设计课程的时候，我很重视这个知识点，尤其是那些既能做可数又能做不可数使用的名词。上文提到的 *High intermediate* 那本书的第 31 单元（p. 62）就是一个关于可数和不可数名词的专题，其中就讲到了我曾经疑惑的那个“coffee”的例子。当“咖啡”是咖啡豆样子，“茶”是茶叶样子的时候，这类词是不可数名词，但是当它们表示一杯咖啡和一杯茶的时候我们却可以说“a coffee”“a tea”。再比如鱼（fish）和火鸡（turkey）作为食材来讲的时候就是不可数名词，但是作为动物的时候就可以说“a fish”“a turkey”。像那种一板一板的巧克力是不可数名词，我们得说“a bar of chocolate”，但如果是一个大盒里有好多个小块的巧克力，拿起一块的时候就可以说“a chocolate”。

为了开发出更适合青少儿的课程，我买了很多适合他们年龄的英文读物，也找了很多网上的动画、儿歌等资源来研究。我小时候完全没接触过这些读物和动画，所以也算是借着工作的机会体验了一下现在的小朋友从小沉浸在英语动画和漫画环境的感受。我在“Little Fox”的网站上看到了 *Journey to the West*（《西游记》）的动画，觉得很适合小朋友边学英语边了解名著的故事梗概。在网上注册成为会员之后不仅可以看到完整版的动画，还可以制作 PDF 格式的电子书反复学习。*Journey to the West* 里的句子结构不算非常复杂，单词使用难易结合，有很多日常生活中会遇到的简单词汇。不过在上文里我已经说了，越是日常简单的词我越不会。虽然这部动画片是给小朋友看的，但是也有少量单词是我不认识的，于是我就趁着看动画的时候积累了一些新单词。比如“shriek”（尖叫）这个词，我之前不认识，但是在有上下文的情况下猜到这个词的意思也不难。这个词是用在孙悟空拜别菩提祖师后回到花果山，发现自己家的猴子被混世魔王欺负了，于是就去找混世魔王报仇。孙悟空到坎源山脏水洞洞门外亮明身份之后，小妖们边尖叫边跑进洞里报信，就在这用到了“shriek”这个词。这个词很好，因为各种情绪的尖叫都能使用，像是害怕啊、生气啊、激动啊。还有“hurl”（用力投掷）这个词，我也是在看动画的过程中学到的。这个词出现在孙悟空破坏了蟠桃大会之后玉帝派天兵天将捉拿他的那一段情节里，在二郎神将悟空围住之后，太上老君丢下金刚琢打了他的头，“往下丢”这个词用的就是“hurl”，它表示的“扔”比“throw”表示的力量更大，特别有在愤怒的情况下扔出去某样东西的感觉。

Journey to the West 是五阶动画，如果是从小就开始大量接触英文动画和绘本的小朋友，六到七岁应该能看懂这个级别难度的动画；如果是上小学之后才开始接触英语的小朋友，那大概要四、五年级才能看懂。五阶动画每一集篇幅不长，句子结构不算太难，但是也有一些稍微复杂的结构出现。如果小朋友独立观看没有家长陪同的话，那我建议家长先帮助孩子梳理出一套适合自己的学习方法，比如每一集积累几个单词，通过什么方法来巩固这些单词的使用，对于复杂一点的句子结构怎么结合情节来理解。当然有些家长可能就是想让小朋友通过看英文动画来够潜移默化地记住一些英文表达方式，达到增加目标语言输入量的目的，这样也没问题。不过我觉得好的动画和绘本都是难得的语言学习材料，如果只用来了解故事情节有点可惜。

我在刚开始研究少儿英语的时候是从这几个方面入手的：国内小学英语教材、剑桥少儿英语系列、剑桥彩虹阅读和 KET（Key English Test）考试的相关资料。因为 KET 也属于剑桥考试系列，所以在接触它之后我感觉它和雅思的出题逻辑有很多相似的地方。另外因为我之前对年龄较小的学生的特点了解不多，所以我通过自学剑桥英语教学能力认证考试（TKT）Young Learners（YL）模块了解了年龄较小的英语学习者的特点和学习方式。在设计雅思托福课程的时候我就发现了即使很多学生的语言水平很接近，他们适合的学习方式和认知能力也都不相同。这个特点其实符合任何年龄阶段的学生，年龄较小的学生也各有各的特点，所以如果不是一对一的课程，在课程设计的时候要考虑到同样一节课的内容要给授课老师足够的空间去发挥。对于班里基础薄弱的学生，老师要能及时提供帮助；对于基础较好的学生，老师要能给学生提供拔高的机会。

我和其他同事一起负责设计过一套由外教授课的少儿英语课程，学员年龄在 7 到 10 岁，英语水平符合 CEFR 等级的 A1 级别，有些学员大约能达到 A2 级别的中下段。这个课程不以应试为目的，而是旨在让学生潜移默化地在学习生活英语的过程中自然掌握 KET 的核心词汇及语法。在课程结束后，学生的英语水平会达到 CEFR 等级的 A2 级别高段，并且在无需额外准备 KET 的情况下获得满意成绩的基础能力。还是那句话，“应试”本身没什么问题，但不要把通过考试作为唯一的学习目标。因为不方便分享课程的具体内容，所以在这里只是简单谈一下课程设计背后的原则和理念以及教学法依据。

这部分课程设计的主要教学法依据是上文提过的 CLT 和 CLIL。先说说 CLT（沟通式教学法，如果对教学法有兴趣可以看一下 *Techniques and Principles in Language Teaching* 这本书，作者是“Diane Larsen-Freeman”和“Marti Anderson”，第一章谈到我对比三本初中英语教材论文的时候提到过这两位作者），旨在让学生通过参与真正的交流来提高自己的交流能力（communicative competence）以达到能够熟练使用目标语言的目的。我在第一章提到我上初中的时候学的英语教材里也有对话，我和我的同学们也扮演不同角色一起读对话、背对话，但那不是真正的交流，因为文本都是提前写好的，学生在对话的过程中并没有完成信息的交换。有的人可能觉得那既然要“沟通”和“交流”，是不是说根据 CLT 原则设计的课程就只注重听和说的能力，课程内容完全是对话的形式？是不是 CLT 的课上完全不讲语法？其实 CLT 是一个大原则，课程研发人员在设计课程的时候要考虑很多因素，比如授课的形式、学生的年龄、学生的基础和现阶段的学习目标等，不能笼统地说它就是这样或者就是那样。至少在我们设计的课程材料里，听说读写的能力是并重的，语法也不是完全不讲，只是讲的方法与“文法翻译法”和“听说教学法”不同。在我们的课上，语法规则不是通过死记硬背或者重复练习来学习的，而是在学生和老师或者学生之间的交流沟通过程中学到的。比如大家可以思考一下，如果我们想让学生学习“一般过去时”，是给学生讲一般过去时的例句然后让他们完成一些填空或者仿写的练习效果更好，还是让他们互相了解一下刚刚过去的假期他们是怎么过的效果更好呢？如果我们想让学生学习“最高级”，那是让他们反复练习加 -er/-est 或者“more/most”的效果更好，还是让他们交流一下自己最喜欢的一本书、一件玩具还是一项运动效果更好呢？我们选择的都是后者，因为学生不仅需要学习什么叫“一般过去时”和“最高级”，他们还需要能真正使用“一般过去时”和“最高级”完成交流的目的。他们的交流是有意义的，和朋友分享假期发生的事情，讨论自己最喜欢的书和玩具，这都是我们用母语经常做的事情，希望学生们也能用英语达到同样的交流目的。

因为希望学生能在课堂上进行和生活中一样真实的交流，所以我非常重视“authentic materials”的使用，在设计雅思课程的时候我也是这样做的。比如我在给雅思考生讲和食物有关的话题的时候，会涉及一些和餐具有关的单词，我会利用这些单词给学生们讲西餐餐具摆放和使用的注意事项。除了餐具的相关词汇，学生们还能学到这些餐具是摆放在桌子上的什么位置，为什么在吃比较正式的西餐的时候，面前会有不止一把刀和叉，每一把刀和叉都是在吃哪道菜的时候使用的。这其实涉及中西方饮食文化的差异。我在设计少儿英语课程的时候也会遇到和食物有关的话题，作为课程设计人员我很希望学生能在学习英语的同时更多地了解语言背后的文化，所以我会尽量创造机会设计出真实的场景让学生了解和感受文化的对比和融合。

当课程设计者有同样的理念，使用同样的教学法为依据的时候，并不意味着他们设计出的课程就是完全相同的。不同的课程其实体现了设计者的知识结构和受教育经历。比如如果是我在食物主题的课程中给学生讲“Hawaiian pizza”（夏威夷披萨）的话，除了这种披萨的配料，我还会有意引导学生去关注“夏威夷”这个名字。大家听到“夏威夷披萨”这个名字的时候会想到什么？会不会好奇这种披萨和夏威夷有什么关系？这种披萨的配料里有菠萝，我是觉得菠萝听上去还挺热带风情的，如果说因为披萨里有菠萝所以名字取了夏威夷好像也有点牵强。但其实夏威夷披萨是由 Sam Panopoulos（萨姆·潘诺普洛斯）厨师在加拿大安大略省的一家餐厅里首次制作出来的。这位厨师出生在希腊，后来移民到加拿大和兄弟合伙开了一家餐厅，供应的餐食里就包括了披萨。那时候加拿大餐厅的披萨没有太多口味选择，而 Panopoulos 厨师又是一个热爱创新的人，所以据说他受到了中餐“菠萝咕咾肉”的影响发明了夏威夷披萨。那这跟夏威夷有什么关系呢？因为披萨上用到的菠萝是菠萝罐头，而这种罐头的牌子叫“夏威夷”。夏威夷披萨是很具争议性的，喜欢的人很喜欢，觉得菠萝的味道和另一种配料火腿的味道很搭。我感觉喜欢这种搭配的人肯定也挺喜欢菠萝咕咾肉的。但是也有人觉得菠萝放在披萨上不伦不类，觉得菠萝压根不应该出现在披萨的配料中。我自己挺喜欢菠萝和披萨搭配起来的味道的，而且我最爱做的炒饭就是菠萝炒饭，放肉松的那种。为什么我要在食物专题的课程里不单纯讲食物的单词，而是要讲到这种食物的起源？主要是因为我希望通过介绍出生在希腊的厨师受到中餐的启发在加拿大的餐厅改良了起源于意大利的披萨这件事，让学生理解厨师的背景以及厨师所处的环境和他的个人经历，都影响着他对食物的理解与创造。与此同时，这些厨师也在促进各地区饮食文化的不断碰撞与融合。我之所以会关注到这些内容，和我在加拿大安大略省学习生活有关，换成其他老师，可能关注点会不同。

CLT 原则下的课程的教学目标也包括让学生学会用目标语言完成不同目的的交流，比如学生需要会表达感谢，或者表达歉意，并且在对话者表达感谢和歉意的时候做出恰当的回应。如果我帮朋友取外卖，朋友跟我说“谢谢你”，我当然理解为她在向我表示感谢。但如果我帮朋友打游戏，但我特别菜打输了，朋友跟我说“谢谢你”，我还能理解为她在向我表示感谢吗？了解言语行为（speech acts）的小伙伴肯定猜出来我接下来要说什么了，以 CLT 为原则设计的课程会帮助学生了解言外行为（illocutionary act）。如果我和我的同学说“Would you like to go shopping with me this afternoon?”（下午一起去逛街呀？），我同学回答“I'll be giving a class presentation this evening”（我晚上有个 presentation），她是答应我的邀请还是拒绝呢？我同学的回答看似和我问的问题没什么关系，但其实她是在委婉地拒绝我发出的一起逛街的邀请，这个现象属于故意违反语言学家格莱斯（Grice）提出的合作原则（the Cooperative Principle），这种看似与提问无关的回答叫做“flouting the maxim of relation”。如果大家对言外行为和合作原则感兴趣，可以读一下“Frank Parker”和“Kathryn Riley”的书 *Linguistics for non-linguists: A primer with exercises*，此处不赘。举这个例子是想说明 CLT 教学法是非常重视语言功能的，语言学习者不能只注重语法结构，还要能理解对话者的言外之意。有一次我的学生去考试，出成绩之后我问他考得怎么样，他说考场环境和平时在家自己做模拟题的感觉完全不一样，在考场上其他考生的答题状态会影响到他的，我就知道他的分数肯定是没达到预期。在交流中，理解言语行为是非常重要的，这显然不是靠单纯地学习语法结构就能实现的。

说到这，就不得不再提到 CLT 教学法非常重视的社会规范“sociocultural norms”（Kumaravadivelu, 2006, p. 118），具体来说，就是人们在交流的时候要考虑交流发生的场合，使用恰当的语言，了解和尊重对话者双方的背景和文化差异等。同样一件事，我们和长辈、同辈或者晚辈交谈起来的时候使用的语言很有可能是不同的；就算都是和同辈，和关系亲近一点儿的人以及关系疏远一点的人交流使用的语言大概率也是不同的。后面的章节我还会谈到语用的问题，现在先不多说。我和我同事在设计课程的时候，考虑到了这方面的问题，所以在编写对话的时候，刻意让小朋友的角色和家长以及和朋友谈论同一件事的时候使用了不同的表达方式。其实这个原则在雅思考试中也有体现，比如雅思 G 类考生写小作文的时候，就要明确题目要求自己写的信是一封非正式的信（比如给朋友），半正式的信（比如给单位领导）还是一封正式的信（比如给未曾谋面的饭店经理）。考生确定了题目要求的正式性之后，从称呼到结束语的用词和语法都要符合这样的规范。课程设计人员还需要特别注意的是，CLT 教学法听名字好像是侧重培养听说能力，其实读写能力也是其非常重视的部分。在讨论 CLT 误区的论文里，基本都会有“重听说轻读写”这一条。所以在使用它指导课程设计的时候千万不能忽视读写能力的培养。

说了一些 CLT 教学法在我设计的课程中的体现，还想再说说 CLIL（内容与语言结合的教学法）。在学习英语的同时学习各学科知识这一点我就不多说了，我想说说 CLIL 在认知（cognition）方面的教学目标。可能大家都能举出一些认知能力的例子，像理解力、批判思维能力和创造力等。我非常重视认知能力的提升是因为我意识到之前我英语学得不好就是因为我只学了词汇语法这些表层的知识。我在第一章里提到过，在学习其他科目的时候，我会自然地在脑中建立起一个由这门学科一系列知识点构成的体系，但是就英语而言，我之前的学习是一种分散的，不成系统的状态，这其实就是因为我在学习英语这门学科的时候没有同时注重培养自己的认知能力。

我之所以在设计少儿英语课程的时候这么注重认识能力的培养，一方面是希望能帮助学生在学会英语之外，也学会“学英语”。掌握适合自己的学习方法，不仅能提高学习效率，还能在走出学校之后把语言学习这件事继续下去。另一方面，我在加拿大的时候教过一些 10 ~ 12 年级的留学生，这些学生具备基本的生活英语技能，但是学术英语方面有欠缺。很多英语老师可能都很熟悉 Cummins 教授（上文提过的 Jim Cummins）在 1979

和 1981 年提出的 BICS（Basic Interpersonal Communicative Skills，基本人际沟通技巧）和 CALP（Cognitive/Academic Language Proficiency，认知 / 学术语言能力）的概念，学生从具备 BICS 发展到具备 CALP 是需要长时间学习的。CLIL 的课程内容刚好可以帮助学生从 BICS 逐步发展到 CALP，这样就可以为青少年未来的学术生涯打下良好的基础。

在我设计课程的时候，这两种技能都有对应的内容来体现，年龄较小或者英语基础不太好的学生可以做一些图片和单词匹配练习（发展 identifying 的认知能力），或者学习一些核心单词的定义（发展 defining 的认知能力），这两种课程内容对应的认知能力是相对低阶的。我在给一些核心单词配例句的时候，刻意把例句设计成开放性问题，语言能力比较好的学生可以利用这些例句和老师展开讨论（发展 inquiring and discussing 的认知能力），这种活动对应的认知能力是相对高阶的。认知能力的发展规律就是从低阶到高阶，从具体思维到抽象思维。虽然少儿英语课程的学员年龄都比较小，但是帮助他们开发抽象思维是为了以后他们学习各学科知识的时候更得心应手，这就是上文提到的 CALP，CLIL 教学法在培养 CALP 方面优势很明显。比如同样是讲和食物相关的话题，在设计教学大纲的时候我会把食物名称、餐具、就餐地点等安排在前一个课程级别，把和营养有关的内容安排在后一个课程级别。

之所以建议学生把单词放在场景中学习，其实是要让单词和对应的含义产生直接的联系，比如我一说汉堡，大家就知道汉堡是什么样的，我一说披萨，大家也能大概想象出披萨的样子（前提是大家之前的确见过汉堡和披萨的实物或者图片）。每一个见到的词，我们都能在脑子里给它们勾画一个大概的轮廓。所以我们见到汉堡的时候就知道它叫汉堡，见到披萨的时候就知道它叫披萨。我们还能说出汉堡的口味，披萨的品牌，那是因为我们对于这些食物的特征有所了解，这就说明我们使用的词汇和生活是分不开的。大家在使用一个熟悉的英文单词的时候，脑子里应该也会反应出相应的具象；但是面对不熟悉的单词，可能就无法快速反应出相应的具象了。如果单词含义比较抽象，那么学习起来会更困难一些。比如“protein”（蛋白质）这个词，它不像汉堡、披萨这样的词能让我们对应到某一个具体的物品，那么就可以给这个单词的配一些富含蛋白质食物的图片，像鱼、蛋、豆类、奶制品等食物都是经常出现在我们餐桌上的能补充蛋白质的食物，这样就可以帮助学生把“protein”这个词和日常饮食建立起联系。

一个单词越没有具体的形态，或者越难和具体形态的事物联系起来，那么记忆和使用这个单词就会越困难。像“multiliteracies”（多元识读）或“pedagogy”（教学法；教育学），我觉得很难在第一次看到这两个词的时候脑子里立刻反应出一个具体事物或形象。我的做法是在看到这类单词的时候想办法解释它们，或者举出具体的例子。就像“protein”那个例子，我想象不出来它长什么样，但我能想出鱼蛋豆奶长什么样。现在我看到“multiliteracies”这个词我能想到的例子很多，表情包、场景式教学、跨学科理论、电子游戏等。见到“pedagogy”这个词，我首先想到的就是“multiliteracies”，这样我自然就把“pedagogy”这个教学法和“teaching methodologies”这个教学法区分开了。

这些指导我设计少儿英语课程的教学法也同样指导我设计雅思托福的课程，虽然课程内容不同，但是很多设计原则是一致的。不过少儿英语的教学材料的形式和雅思托福的教学材料有一个明显的区别：我在给雅思托福的学生讲课的时候，幻灯片只起到提示重要知识点的作用，很多时候是为了节省板书时间提前把要点打在幻灯片上，学生可以在上课的时候先拍照，课后再整理笔记，这样就能节省下一些课堂上记笔记的时间，从而可以多讲几道题或者多讲一些背景知识。所以我的幻灯片基本都是白色背景黑色字体，重点部分需要学生注意的地方把字体换成红色。幻灯片的制作过程中我只注重内容，不过多地考虑版面设计或者动画效果。少儿英语的课程则不同，要考虑学生的年龄特点，课件需要具备知识性，也需要具备趣味性。所以在这个时期我增加了一点小技能，就是制作幻灯片动画。虽然在这之前我也会做简单的幻灯片，比如换背景、贴图、给图片和文字添加一些简单的出现和消失的效果，但是这类简单的效果对于年龄小的学生来说不够有吸引力。为了能把课件做得更有趣，我开始和同事们学习制作简单的小游戏，我学的第一个小游戏就是我同事教我做的投篮游戏，学生通过点击按钮来回答屏幕上的问题，如果回答对了球就能投进篮筐。通过研究同事们做的动画及动画路径，我逐渐能模仿别人创作的路径自己做一些类似的动画，比如别人做的是投篮，我改成足球射门游戏。我还借鉴了很多小时候玩任天堂红白机游戏的形式和动画思路，再加入一点自己的小改编和小原创，不过我制作游戏的能力还有待提高，需要多向高手学习。在这个学习的过程中，我也提升了自己组织应用多种媒体素材的能力，不断丰富教学内容的呈现形式。

生动可爱的幻灯片能吸引学生的注意力，这是毋庸置疑的。使用图片、视频和游戏辅助学生理解课程内容，让学生的学习兴趣更浓厚、精神更集中，这当然也很容易理解。但是非常值得注意的一点也是研究“multiliteracies”的学者经常被讨论的话题——在“literacy education”中什么是“new”，什么是“old”(Lankshear & Knobel, 2007)。关于“new”，形式是很重要的一部分，像“media literacy”和“digital literacy”是很多学者都在研究的课题。但是我们要批判性地看待“new”这件事，很多表面看起来的“traditional literacy”也能以一种全新的方式被使用。在下一章会讲到我在多伦多大学读教育学的时候上过的一门叫“表达性写作”的课，在这门课上我们学习写“narratives”（叙述性故事）以及如何利用“narrative inquiry”（叙述性探究）解决教育学相关的问题。当时教授让我们读了一个名为“Elevator”（电梯）的故事（Khatib，2014），这个故事的作者讲述了一段她刚随父母移民到加拿大之后和弟弟被困在电梯里的经历。她在来加拿大之前没有见过电梯，不知道电梯该如何使用，被困后非常害怕和无助。

虽然这个故事就是以传统的“written texts”的方式印刷在一本书上，但是我仍然把自己阅读这个故事以及读完之后的反思过程定义为“new literacy practice”。作为一个语言教师，我读到这个故事的时候想到的是留学生初到一个新的国家，除了语言问题之外，他们也面临着文化差异带来的冲击，远离故乡亲朋好友的失落，甚至可能连基本的生活问题都不知道如何解决。我们的语言课程不能单纯关注语言本身，像在《电梯》这个故事里，即使作者认识“elevator”这个词，知道这个词的意思是“电梯”，她第一次见到电梯的时候依然可能不知道如何操作电梯里的按钮，尤其是在当时她年龄尚小的情况下。我们常说老师在设计课程的时候要了解学生的背景，像《电梯》这个故事主人公的英语老师，就需要了解她之前生活的背景和拥有的知识，在教“elevator”这个单词的同时帮助她了解电梯的使用方法。这符合“New literacy studies”的学者们提出的——语言是一种社会实践（social practice），这种实践是他们社会化（socializations）（Gee, 2015, p. 188）的一部分。如果老师只教“elevator”这个单词的意思，那么学生很有可能会经历这个故事主人公小时候经历过的困境。

顺便提一下，我在刚开始接触“multiliteracies”的时候认为“new literacies”和“new literacy studies”是一回事，其实不是。对这方面研究感兴趣以及正在从事教学工作的小伙伴们，推荐你们去看以下这些教授撰写的和“literacy education”研究有关的书和论文：“Jim

Cummins”、“James Paul Gee”、“Shirley Brice Heath”、“Hilary Janks”、“Gunther Kress”、“Allan Luke”、“Rob Simon”、“Brian Street”和“Vivian Maria Vasquez”，相信大家一定能从中获得一些教学法方面的启发。

从业者研究怎么做

从业者（practitioners）这个词在词典里的解释就是从事某种职业的人，那么“practitioner research”指的就是这类人从事的研究活动。这种研究和传统的学术研究的不同之处在于进行从业者研究的研究员不是全职学术研究人员（比如大学教授和研究所研究员等），而是像老师和社会工作者这样的从业者在自己的工作领域进行的研究。这种研究最大的特点就是研究人员边工作边做研究，比如在语言教育行业，老师在给学生上课的同时观察课堂活动，收集学生作业，采访学生或者同事，然后分析收集来的数据。通常情况下，这种研究的目的在于解决教学中存在的某种问题，改善教学活动，提高学生的学习效果等。

既然从业者研究属于研究活动，那么不可避免的一个问题就是在开展实证研究活动之前，研究人员必须通过道德伦理审查委员会（Research Ethics Board）的审查，并且获得委员会的道德伦理批准（ethical approval）。因为在语言教学领域，所有从业者研究的研究对象都是人（可能是学生、老师、教育领域的工作人员、家长等），而道德伦理审查就是为了保证在研究过程中所有研究对象的利益不会受到侵害。如果我想在我的课堂以我的学生为研究对象来进行实证研究，那么我必须详细告知所有的研究对象，参与整个研究过程对于他们的学习以及未来其他学生的学习有什么益处；我也必须告知他们，是否参与研究完全取决于他们自己的意愿。如果他们决定参加，在我结束这个研究之后写论文汇报研究过程的时候不会用他们的真名，而是使用化名（pseudonyms）；还有一点很重要的是，他们随时可以退出这个研究，不管出于什么原因，只要他们想停止参加这个研究就可以随时停止；如果我在研究过程中需要使用学生的作业作为例子或者参考他们的考试成绩，也必须征得学生的同意。道德伦理审查委员会的成员会评估我的研究计划是否对参与者有潜在负面影响。我原来不了解道德审查的时候天真地认为，老师进行的从业者研究目的就是改进教学活动和提高教学效率，一定是对学生有好处的，怎么还有风险呢。但其实从自愿参加研究这一条开始，道德风险就已经存在了。有的小伙伴可能觉得，学生不想参加这个研究那参加就好，但是事情往往没有那么简单。如果我邀请我的学生参与一项研究，学生本来是不愿意的，但是他们会不会因为我是他们的老师而不好意思拒绝我？会不会怕给我留下不好的印象或是怕我以后不能在课堂上公平对待他们？作为老师我们肯定不会因为学生不愿意参与研究活动就对他们有什么看法，但是有的学生难免会有一些顾虑，这都是研究设计者应该提前考虑的问题。

作为一个“practitioner”，我做过的从业者研究主要目的就是通过改善教学材料设计、教学方法、课堂活动等来提高学生的学习效果。比如我曾经执行过的一个行动研究（action research），就是先给我的课堂设计一个行动计划去解决一个目前存在的问题，然后执行这个计划，并对结果进行评估，接下来再反复进行上述行动的过程。我当时是因为在课程领导力（*Curriculum Leadership*）这门课上读到了一些有关“共享教学领导”（shared instructional leadership）方面的文献很受启发，所以我为托福词汇课设计了一个教学活动，在这个活动中学生和老师一起参与多学科融合的（interdisciplinary）场景词汇课程内容设计。当时我的词汇班上备考托福的学生，包括高中生和大学生，我把他们按所学专业分成文理两个大组，文科组的学生由我的同事，另一位托福教师来带领；理科组的学生，由我来带领执行这个行动计划。所有和这个计划有关的教学活动均在课外的自习时间进行。这个行动研究的流程是这样的：两个组会分别回顾一些托福听力和阅读真题来选择他们感兴趣的高频出现在考试中的多学科融合场景（场景中至少要有两个学科知识点的交叉），每组分别选择两个场景。接下来这两个大组会分别分成两个小组，在两位老师的帮助下，把他们选择的真题中的场景词汇都用记号笔划出来，每个场景的词使用同一种颜色。然后这四个小组的成员分别制作出一份场景词汇表。

假如文科组选择的场景是美术史，那文科的两个小组就分别负责整理美术相关的场景词汇和历史相关的场景词汇然后分别作出艺术和历史的词汇表；假如理科组选择的场景是天体物理，那理科的两个小组就分别负责整理天文学和物理学相关的场景词汇然后做出天文学和物理的词汇表。请大家注意我在介绍研究活动流程的时候用了“假如”这个词，这是因为我举例的这两个场景并不是我在执行这个行动研究的时候同学们真正选择和讨论的场景。这又要说回上文提到的道德伦理审查的相关问题了。我当时在西大做这个项目属于教师的职业发展（professional development）范畴，是我们课程的一部分，其目的是改善我们自己课堂的教学实践。这个项目不需要经过道德伦理审查委员会的批准，但是这个研究的过程和结果只能在我们研究生的项目里和老师同学们交流，不能用来发表或者在公开的会议上讨论，这也是研究道德伦理的一种。

在四个小组分别做出场景词汇表之后，同学们开始探究这些词在特定的语境中是如何使用的。同时，他们还需要在老师的帮助下整理和这些场景有关的背景知识，以及探索这些背景知识如何能够帮助考生理解场景词汇在文中的意思。接下来，文科两个小组合并到原来的文科大组，理科两个小组合并到原来的理科大组，组员们在大组内讨论他们所在的小组分别负责的场景是如何和另一个小组负责的场景实现学科交叉的。按照我上文举的例子来说，就是文科大组讨论美术和历史这两个学科是如何结合的，理科大组讨论天文和物理这两个学科是如何结合的。然后两个大组分别讨论他们负责的场景能否和其他场景进行交叉，比如文科组可以讨论历史和文学的学科交叉，理科组可以讨论天文学和地质学的学科交叉等。之后两个大组用“presentation”的形式把自己做的研究汇报出来，我和另一位老师在听完汇报之后给出我们的评价。至此，第一轮的行动研究就结束了，我评估过第一轮行动研究的实施情况之后做出一些相应调整，然后所有的参与者会选择另外的场景重复上述步骤完成第二轮行动研究。

这个行动研究一共进行了两轮，虽然我不能公开测评的具体数据，但是我可以说这个行动研究很成功。所以我的毕业项目（capstone project）就选择在这个行动研究的基础上探索更多学科融合场景的词汇以及背景知识，并且做出一本关于托福学科融合的电子书样本。多说一点关于“capstone project”的问题，可能有的小伙伴会好奇为什么硕士毕业做的不是“thesis”或者“dissertation”，而是“capstone project”，大部分人的硕士毕业论文应该都是前者。这里就不免要提到“master of arts in education”（M.A.）和“master of（professional）education”（M.Ed.）的区别了。M.A. 和 M.Ed. 的学习内容与研究重心都是不同的，简单的说就是 M.A. 偏理论性而 M.Ed. 偏实践性。因为我在西大读书之前已经有好几年的教学经验，在这个项目的同学也大多都是经验丰富的教师或者学校的管理者。我在这段硕士学习的经历中更注重的是解决课堂实践的问题，比如学习如何设计课程，如何评价教学成果，学习一些新的教学法等。当然我们的研究也是有理论基础的，也一样要学习研究方法论，收集数据和分析数据的方法，但是 M.A. 的研究都是从哲学本体论出发再回到哲学认识论的，这部分和 M.Ed. 不同。我在杜伦读 M.A. in marketing 的时候，毕业论文是“dissertation”，而从西大毕业我做的是“capstone project”。在西大拿到教育学硕士学位的同时我也完成了加拿大教育学院（Canadian College of Educators）提供的 TESOL（Teaching English to Speakers of Other Languages）课程的学习并且获得了 TESOL 教师资格证。

其实我在读第一个教育学硕士之前已经形成了一套自己的教学体系，有些人可能觉得读这个学位没有什么必要。也有人问过我“你已经知道怎么教课了，干嘛还去读教育学硕士”这类的问题，尤其是我在这之前已经获得一个硕士学位了。但我觉得，我在本科阶段学的既不是语言学也不是教育学，虽然我已经在教学实践方面小有心得，但是教学实践并不能代替理论学习，教学实践的成功也不代表我不需要系统化地学习语言学和教育学的理论。进行系统化的理论学习是出于对学生负责也是对自己负责的态度。

在进入西大学习之前，虽然一直在教课，但我把自己定位为一个经验丰富的学习者，面对学生的时候，我觉得不是在“教”他们，而是在分享我之前学习英语的经验。在西大的两年学习结束之后，我开始在英语教学方面拥有一套科学的知识体系，并且我也知道如何将这套体系传授给我的学生。我对我自己的角色定位开始发生了转变。开始把自己定位成英语培训行业的“行内人”，不仅是因为我获得了教师资格证，而是当我发现自己具有教育学的学术背景以及亲自做过一些课堂研究之后，我对自己的课程设计和教学方法都有了新的认识。当我的课程设计和教学方法有效的时候，我可以总结出有效的原因并分享给其他老师；当课程设计和教学方法对于某些学生的学习效果微乎其微的时候，我也能快速分析问题所在并有针对性地进行改进。总的来说就是我对我设计的教学活动越来越有信心和底气。这其实就是教师培训（teacher education）和职业发展对一个教师成长的重要意义，是教师形成教师身份认同（teacher identity）过程中的重要环节。下文我会详细讲述教师培训和教师身份认同有关的内容，这是我现在的主要研究方向之一。

在西大学习期间我意识到一个很重要的问题：如果想继续做实证研究，那么获得道德伦理批准是必要的，但是语言培训机构并没有专门的道德伦理审查委员会。只有我在大学里在读的情况下，或者说只有当我注册在一个大学的专业课程项目里的时候，我才能向大学的道德伦理审查委员会提交研究申请，在获得批准后从事实证研究。所以我在西大读书期间萌生了继续读博的年头，希望可以继续研究课堂活动，提高自己的教学及教研能力，并且把研究结果以论文或者会议“presentation”的形式与其他从事语言培训工作的老师进行交流。博士和硕士同属于研究生学历，但是在研究技能培养方面还是有很多不同，我想申请的是教育学方向的哲学博士。既然说到博士，那我再顺便说一下 Ph.D.（Doctor of Philosophy，哲学博士）in Education 和 Ed.D.（Doctor of Education）的区别。其实和之前提到的 M.A. 和 M.Ed. 的区别是类似的，Ph.D. 和 M.A. 都属于学术类学位（academic degrees），Ed.D. 和 M.Ed. 都属于专业类学位（professional degrees）。尽管我第一次的博士申请以失败告终，但我继续朝着成为一名“practitioner–researcher”（从业者—研究者）的方向努力，这就有了我的下一段学习经历，等到下一章我们再细说。

我的紫色与骄傲

我与紫色迷之有缘体现在我接受高等教育的四所国内外大学当中，有三所大学的校色都和紫色有关，其中南开大学的校色是青莲紫（purple of the blue lotus），杜伦大学的校色是宫廷紫（palatinate purple），西安大略大学的校色是紫色（purple）和白色。而且我曾经的工作单位环球雅思也使用过紫色作为主题色调。这一切其实都是巧合，并非我刻意为之，当时在西大读书的时候有一门课的老师让大家做一个幻灯片来介绍自己。我做到教育背景这部分的时候觉得如果配上每个大学的校徽会比只写文字看起来更生动一些。当我把这些校徽放在一起的时候才发现，原来我和紫色这么有缘。那是我第一次注意到这件事，觉得挺有趣，所以那次我自我介绍的主题就是“我和紫色的缘分”。紫色在我心里非常神圣，是一种精神的体现。在我的四段高等教育经历中，对我精神层面影响最大的是我的母校南开大学。在我心里，紫色代表的精神是南开“越难越开”、坚忍不拔的精神。我还曾经想过，既然我和紫色如此有缘，那是不是我申请一所校色为紫色的大学的博士会比较容易被录取。

“南开校徽核心图像为八角星，由两个正方形叠加而成，八个角皆为直角，分别指向东、西、南、北、东南、东北、西南、西北八个方向。一是体现方方正正做人之意，二是体现南开人面向四面八方，胸怀博大，广纳新知，锐意进取之精神。八角星形方圆互动，融合东西，体现了南开大学智圆行方的入世哲学，追求卓越的立世哲学和允公允能的济世哲学[①]”。大家还记得我所属的杜伦大学城堡学院的拉丁语版本箴言吗？“Non nobis solum”（英：not for ourselves alone），和南开“允公允能”的校训有异曲同工之处。

我家算上我一共有四位南开人，高考前我就对南开大学倾慕已久。南开四年的学习生活培养了我坚忍不拔的意志和严谨踏实的工作作风。我至今记得第一次走进南开大学八里台校区东门，迎面看到大中路两旁的白杨树枝繁叶茂，郁郁葱葱。那是我对南开精神最初的认识，高大挺拔，朴实无华。后来我在世界各地认识的南开人几乎都具有非常相似的特质，身处顺境谦逊谨慎，脚踏实地；身处逆境心平气和，绝不心浮气躁。我觉得这并不是巧合，这是最美好的青春年华经过四年的沉淀在我们每个人身上留下的烙印，也是南开赋予我们“南开人”的独特气质。

我是一个非常爱玩儿的人，有的人会把“玩儿”称为不务正业，但同时我又是一个勤奋的人，我觉得这两者之间并不矛盾。我有一些同学在进入高中之后就把精力全部用在了学习上，周末不用到校上课的时候他们就去辅导班补习或者在家里自学。但是我高一和高二的时候，每个周末都在文化馆练习架子鼓。再比如2002年七月我高考，但是六月是日韩世界杯比赛的时间。我根本不是球迷，虽然知道一些球星但是连越位都看不出来，但是世界杯这个热闹我是必须要凑一下的。当时我们学校高三的学生要上晚自习，所以晚上有比赛的时候我就用随身听听广播。为了不被老师发现，我把耳机线从校服的袖子里捋到袖口，然后用手托腮挡住耳机，眼睛盯着书桌上的卷子假装在读题，其实是在听比赛。其实我也知道老师们都能看出我的这点小伎俩，只不过他们都相信我能平衡听比赛和学习之间的关系，因为第二天该上交的作业我都会保质保量地完成。我和我的老师们有一种默契，他们相信我，我当然也不会辜负他们的信任。有的比赛北京时间晚上八点多才开始，这个时间我已经下了晚自习回到家，就还可以把没结束的比赛看完，我的家长也从没有干涉过我看电视。我觉得学习和娱乐的时间要合理安排，学的时候要高效，玩的时候要尽兴。我不赞成牺牲娱乐时间为代价来换取好成绩，当然也不能因为过度娱乐影响到学习。总的来说还是要要统筹兼顾、双管齐下。我的高三生活过得非常开心，我的老师和家长都给了我充分的信任，从不干涉我对自己学习和娱乐时间的分配。但是“信任”这件事是要靠行动赢得的，我一直这样认为，没有人应该理所当然地信任我。我会先证明尽管我爱玩，即使

① 参考资料 http://www.nankai.edu.cn/164/list.htm

是高三我也要有必要的娱乐，但我的学习不会受影响。当我证明了这一点，我的老师和家长自然也就尊重我自己对学习和娱乐时间的安排。

因为在玩儿这件事上的执着，我高考的第一志愿就报了南开大学商学院的旅游管理专业，我当时觉得这个专业听上去应该有很多玩的机会，如果能把专业学习和玩儿结合起来那简直太完美了。结果等到开始上课才知道，压根儿不是想的那回事。先不说各种经济学相关的课程，毕竟经济学和管理学的关系密不可分，经济学课程作为我们的专业必修课也是意料之中的。我没有想到的是，微积分、线性代数、概率论和数理统计竟然也是我们的 A 类必修课，还好我从小就不怵学数学。后来我发现高等数学不仅对经济学的研究有着深远的影响，而且这门科学能有效地锻炼人的思维方式。学习微积分可以让一个人的思维越来越严谨，学习线性代数可以锻炼出一个人的抽象思维能力。数理统计的作用那就更具体了，我后来读研究生期间做实证研究的时候学习的处理样本数据的方法都是以数理统计为基础的。不管是市场学方面的研究，还是语言教育领域的研究，都不免要用定量的方法来收集和分析数据。南开是一所非常重视基础知识的高校，虽然我现在的工作和管理学的关系不大，但是我能得心应手地开展量化研究其实很大程度上都是得益于本科期间学习了统计学相关课程。虽然毕业之后统计方面的知识也忘了很多，但是需要再学起来的时候上手是非常快的，我现在复习统计学的时候用的还是我本科时候学统计学的教材。剑桥雅思的阅读真题里也有一篇文章支持了我的观点，就是《剑桥雅思 11》Test3 第三篇阅读 *Preface to 'How the other half thinks: Adventures in mathematical reasoning'*. 这篇文章的最后提到了学习数学给各个领域的人带来的积极影响，比如在 G Section 里就有这样两个例子：其中一个例子是一个内科医生谈到学习数学的过程中培养出的分析思维过程（analytical thought processes，p. 74）为他在医学院的学习打下了基础。医学生在医学领域遇到问题的时候需要通过详细的分析来找出解决方法，这个过程和学习数学的过程是相似的；另一个例子是一位律师指出，尽管他在进入法学院之前没有法律方面的学习背景，但是他在法学院成绩非常优秀。他觉得这归功于数学学习，特别是关于定理的学习，因为分析复杂的原理对律师掌握法律原理很有帮助。

有些人（包括我）在本科毕业后并没有从事和原专业相关的工作，但是我们不能抹去本科阶段的学习经历对自己认知能力的培养，比如批判性思维能力，清晰表达自己观点的能力和团队合作的能力等。我在南开有两份很重要的收获，第一是体验到了“活到老学到老”的氛围，并且培养出了终身学习的能力；第二是被南开“越难越开”的精神鼓舞，面对困难总能保持乐观的心态。这两份收获是我在逆袭的道路上前进的根本动力。其实我也可以在毕业之后选择一份和英语无关的工作，即使在工作中难免会遇到和英语相关的人或文件，但我至少可以确保这份工作不需要太高的英语能力，扬长避短。可我觉得如果我不直面我的短板，那我的英语就永远也好不了，如果我能积极寻找解决方法，那么至少有补上这个短板的可能性。我没想过自己到底能逆袭到什么程度，我甚至不是抱着一定要逆袭的态度在学英语。我只是觉得既然我有学习的能力，又找到了适合自己的学习方法，那么我每一点努力都能换来一点进步。即使这个进步在一开始是非常微小的，但是只要我坚持下去，它就会越来越明显。

关于学习目的这个事，我曾经和我大学时的恩师陈家刚老师讨论过。陈老师在我申请国外大学的时候给我做了三次学术推荐人，很有可能还要做第四次。我在大学期间修过陈老师的四门课，但是他对我的影响更多的是在课堂之外。我在大学毕业之后没有走一条在其他人看来理所当然的路，我选的路看上去有些难走，有点“拿自己的短板去拼别人的长处”的意思。实话实说，在不少个工作强度非常大的瞬间，我也怀疑自己的选择。因为零几年的时候还没有微信，我又不能经常回学校，所以我觉得困惑或者怀疑自己的时候就给陈老师发邮件。每次他会认真回复，给我一些建议，让我仔细思考自己的选择，如果想清楚了就坚持在自己选择的路上走下去。他每次回邮件的时候从来不问我取得了什么成绩，只是问我最近学习开心吗，工作开心吗，我觉得这是老师对学生最真切的关怀。

知识会被遗忘，但是学习知识的方法不会被遗忘，在学习的过程中培养出的认知能力不会被遗忘，每个人受到的教育都不会被遗忘。每个人在人生道路上走的每一步，做的每一个决定，都能反应出他曾经受过的教育，这是我在陈老师的课上学到的最重要的道理。陈老师曾经做过一个关于“教育的本质”的讲座，其中引用了一些知名大学校长和教育家的教育理念，这里面就包括耶鲁大学第22任校长理查德·查尔斯·莱文（Richard Charles Levin）的。莱文校长讲到：“真正的教育，是自由的精神、公民的责任、远大的志向，是批判性的独立思考、时时刻刻的自我觉知、终身学习的基础、获得幸福的能力。”我理解这句话的前半部分讲的是“允公”，后半部分讲的是“允能”，而且“能”指的不是学科知识，而是离开学校后再学习以及终身学习的能力，是“胜任任何职位，精通任何学科”的能力。这一点我感觉非常有共鸣，因为即使大学毕业后从事的是本专业相关的工作，也一定会遇到学校里没有教过的问题和挑战，更不要说进入与本专业无关的行业。遇到困难的时候必须靠自己发现问题的症结所在，通过调查研究，独立或与人合作找出解决办法。

其实我觉得南开的校训将教育的目的和南开人的价值取向阐述得非常精准，“允公允能，日新月异”。“公”对学生的要求是时刻胸怀祖国、胸怀人民、心系社会、心系自己投身的事业。“能”对学生的要求是与“公”相匹配的服务社会的能力和才干。这样的能力，绝对不是单凭对学科知识的学习就能培养出来的，学校需要培养学生具备提问、思考、学习、反思、再学习的能力。著名物理学家爱因斯坦（Albert Einstein）曾经说过“The important thing is not to stop questioning”（最重要的事情是，不要停止质疑）。著名哲学家、语言学家乔姆斯基曾经说过这样一段话“To be truly educated means to be in a position to inquire and create on the bases of resources available to you. To know where to look, to know how to formulate serious questions to question standard doctrine if it is appropriate. To find your own way to shape the questions that worth pursuing. To develop the path to pursue them”（The Brainwaves Video Anthology, 2015, May 27）。所以教育的真正意义，简言之，就是要让学生学会质疑，并学会用科学的方式，独立地或者与人合作地寻找答案，解决问题。如果把学到的知识都当作真理，不去思考、不去质疑，是很难形成辩证思维方式的。如果只是一味地接受知识，那也谈不上创新和“日新月异”了。

我在南开学习的四年是对我人生影响非常大的四年，我学会的绝不仅仅是 150 个左右学分的课程，更重要的是南开的老师和同学们让我明白，学习是一项终身的事业，毕业绝对不意味着学习就此停止。我在毕业后跨专业工作或者再学习都没有感觉到障碍，这应该归功于我在南开学到的终身学习的方法，我认为这是大学教育最重要的功能之一。毕业十几年之后，我和我的老师讨论的不是学科知识，而是教育的理念和教育者的角色，我觉得这是南开教育成功最好的证明。

2002 年 9 月，我在开学典礼上第一次听到了南开校歌，“渤海之滨，白河之津，巍巍我南开精神；汲汲骎骎，月异日新，发煌我前途无垠；美哉大仁，智勇真纯，以铸以陶，文质彬彬；渤海之滨，白河之津，巍巍我南开精神。”南开校歌的曲源自于德国圣诞歌曲 *Oh Tannenbaum*（*Oh Christmas Tree*），歌词开始之前有钟声。每年圣诞节，特别是在国外的时候，只要听到圣诞颂歌和钟声响起，我总能想起南开。大学毕业后我使用过的每一个手机里都下载了南开校歌，在我遇到困难的时候，面对压力的时候，怀疑自己的时候，我就会把校歌找出来听几遍，然后带着南开精神赋予我的力量去正视和解决问题。南开的《公能》校刊里有这样一句话——“世界上没有哪一条路能让南开人望而却步”，我对这句话深信不疑。在《世纪南开耀中华》这篇特刊中我读到过这样一句校友印象：“南开就像一条河，我在那河里洗过澡。虽已年久，身上仍有那水的味道。”我从南开毕业已经超过 14 年了，但是每次回到八里台，漫步大中路，赏马蹄荷韵，听校钟回荡，我都觉得自己从未离开过南开，或者说是南开精神从未离开过我吧。

2004 年我以在校生及志愿者的身份参加了南开大学百年华诞暨南开大学建校八十五周年纪念活动，2019 年我们迎来了南开大学百年华诞。南开学生对母校的感情非常深厚，在百年校庆前夕，各地校友会在上海校友会的邀请下发起了“百年南开，点亮全球”的活动，“我爱南开”“百年南开，我们爱你”和“庆祝南开大学建校 100 周年”等文字闪亮在全球各地的建筑大屏幕上，比如北京世贸天阶、上海花旗大厦和纽约纳斯达克等。那几天我的南开同学群以及朋友圈都是各地校友分享的照片，看得我热血沸腾，真是应了网友那句“南开活粉遍布全球”。我没有给偶像打“call”的经历，只在 2019 年 7 月跟着杰迷们在微博超话给周杰伦打了一次榜，但是各地校友们为南开庆祝生日的活动让我感受到了给爱豆打“call”的激情。我们系也组织了返校活动，但是在活动初期统计人数的时候我并没有下决心回国，因为那时候我在多伦多工作，一方面不知道工作时间能不能协调好，另一方面也是因为从多伦多飞回国有点远，而且就算回国也只能在国内待很短的时间就得返回。毕业十年的时候我们系组织过一次返校活动，当时我就没有安排好回国的时间，没能回去，挺遗憾的。这次是南开一百岁的生日，我是一个特别看重生日的人，更何况是我的母校一百岁这种极具纪念意义的生日，于是我下定决心要回南开和老师同学们聚聚，并亲自送上自己对母校的祝福。从多伦多飞到北京要 13 个小时，以往每次坐飞机往返北京和多伦多的时候都觉得时间过得好慢，尤其是飞过半程的时候最痛苦，已经六七个小时了，脖子、腰和腿没有不疼的地方，可是还要六七个小时才能到目的地。但是这一次，我觉得飞行中的时间过得格外快。我把飞行途中的 13 个小时对应到离开南开的的整整 13 年，我尽力回忆着我离开南开之后的每一年有什么收获，读了什么书，学了什么新技能，认识了哪些新朋友，犯过什么错，总结过什么经验，13 个小时很快就过去了。

回国的第二天一大早我就回到了南开，校园里布置得像过年一样，到处都是欢迎校友返校的条幅、雕塑和背景板。在所有条幅和标语中，我最喜欢的是一食堂门口的那句“饭做好了，等你回来”。我们这一代人小时候没有手机和电脑，也没有各种各样的课外班，放学回家写完作业我们就和小伙伴在家门口疯玩疯闹。到了吃饭的时候，各家的家长准会出来喊“谁谁谁回家吃饭啦”，如果我们玩得不尽兴，就会回应家长一句“再玩会儿就回去”。家长们就会说“饭都做好啦，赶紧回来吧，明天再玩儿”。食堂门口这句话让我这个现在距离南开这么远的孩子心里特别温暖，因为我们走得再远、飞得再高，也永远都是南开的孩子，南开这个家一直在等我们回来吃饭。从进入十月开始，我在朋友圈分享的内容几乎都和校庆相关，每一条消息后面都配有一颗紫色的心和南开的名字，那是我对爱豆的表白。在我看到一食堂门口这句话的时候，瞬间就觉得每一句表白都得到了回应，南开像我们爱她一样爱着我们每一个粉丝。南开这么温暖，所以她有超强的凝聚力，她好像在遍布全世界的每一位南开人心里都装了一枚指“南”针，永远指着南开的方向。我在北京时间 2019 年 10 月 17 日上午 10 点 17 分发布了两张百年校庆灯光秀的截图和以下文字到朋友圈：

我家四位南开人共同祝贺母校百年华诞。南开人，是我们最珍惜、最为之骄傲的称号；南开，是我们前行道路上始终难以离开的情怀。新百年我们会继续做好顶天（大格局、宽视野）立地（脚踏实地、孜孜以求）、秉公尽能的南开人。谢谢你，祝福你，我的南开！

我最初接触到“Purple and Proud”这个说法其实是因为西大学生在社交媒体上发帖的时候经常会带上这个标签，后来当我发现我和紫色有这么密切的联系的时候，我也开始使用这个标签。西大除了让我在教学方面成长得更专业之外，还有另外一件事对我影响很深远，让我清楚地认识到研究者应该以什么样的态度来对待科研。我在杜伦大学读书的时候，商学院统一使用的学术论文规范是哈佛参考文献格式（Harvard Style），但是西大要求使用的学术写作引用规范是 APA（American Psychological Association）格式（当时使用的是第六版格式，简称为“APA 6th”，现在已更新到第七版）。这种规范格式规定了学术论文的文中引用格式，文后参考文献的写法，以及图表和附录等内容的排版方式。哈佛格式和 APA 格式乍看上去非常相似，但是仔细研究就会发现他们在标点符号的使用上有一些区别。比如哈佛格式在写正文之后参考文献列表的时候，文章或书籍的出版年限之后不加句号，但是 APA 格式要在这个位置加上句号。

我在刚开始使用 APA 格式的时候经常犯一些标点符号的错误，或者是该斜体的部分（比如期刊名称）忘了调格式等。我在西大的一位教授在给我批改论文的时候标出了我所有参考文献的格式错误，并且用“word”文档的批注功能逐条注释应该如何修改。当时一篇5000字左右的论文，我的参考文献大概有35条，我的教授给我标出了十几处错误，这些错误包括该用逗号的地方用了句号，该大写的字母没有大写，该斜体的地方没有调成斜体，期刊文章没有写具体页数等。我在打开教授给我发回的修改稿的时候看到那些彩色的批注，心里感到非常惭愧，尤其是当我看到教授在评语里没有批评我一个字，还鼓励我说她觉得我还可以做得更好。我当时就下定决心，下一次写论文我一定要做好参考文献列表，仔细对照APA样本逐条检查。

遵守学术论文格式规范真的是学术论文写作这个环节当中最简单、最容易完成的一项。网上随手一搜就可以搜出来APA样本论文，上面关于字号、行距、页边距之类的要求都标注得很详细，参考文献列表该怎么做也都有详细的规定。在我看来，形成深刻的观点需要对理论理解透彻，使用完美的词汇和复杂的语法也不能靠短时间突击就能看出效果，但是遵守学术写作规范真的是一件只要愿意花时间并且态度端正，就能立竿见影做好的事，可是我竟然在一篇论文里犯了那么多规范类的错误。后来我自己也教学术写作的课程，辅导过海外本科生的学术写作。在看学生论文的正文之前，我都会先翻到参考文献部分，通过这部分内容基本可以看出作者对学术这件事的态度。有的学生用网上的参考文献生成器来整理文献，但我从来不用，我喜欢通过自己整理参考文献列表的过程来向每位我引用的作者致敬。所以现在每次写完论文之后我做的参考文献列表都是我的“Purple and Proud”。

专业篇——多大有多大

当年英语“一般”的我，并没有想到自己会成为一名英语教师，更不用说成为一名语言教育“研究者”。

求学的历程就是一步步的自我突破。在努力过程中，感受快乐。

多大是多伦多大学（University of Toronto）的简称，英文简称 U of T。我就读的多大教育学院（Ontario Institute for Studies in Education at the University of Toronto，也可译为安省教育研究学院）的简称是 OISE/UT（以下称 OISE）。OISE 在 2022 QS 世界大学“教育与培训”这一学科中排全球第四，加拿大第一（多大 QS 2023 综合排名全球第 34）。教育是一个非常广泛的领域，除了最直观的学校里的各类科目的教师之外，课程规划设计、教育政策制定、心理健康辅导、社区教育等领域也都是教育学院的项目涵盖的方向。比如 OISE 也设有应用心理学系，主要涵盖教育心理学、儿童教育、心理辅导等多个专业方向。上文提到了因为希望继续从事和语言教育相关的研究，我尝试了申请博士项目但是没有被录取。但为了能继续从事实证研究，增加自己的科研经历，我又申请了多大的教育学硕士项目。我在多大获得的学位是教育学硕士（master of education），语言与文学教育（Language and Literacies Education）方向。这个专业隶属于教育学院的课程与教学系（Department of Curriculum, Teaching and Learning），下设语言教育，课程设计与研究以及教师培训等多个专业方向。

在多大 OISE 学习期间，除了继续关注多元识读方向的研究之外，我还特别关注了二语教学中的语用问题和教师发展方面的研究。另外因为我想用叙事探究的研究方法来研究自己的教学以及参加教师培训项目的经历，所以也选修了 *Biography in Educational Contexts*（教育背景下的传记）和 *Expressive Writing*（表达性写作）这些对叙事性探究有帮助的课程。通过在 OISE 的学习，我进一步找到了自己作为研究者的立场（positionality）并确定了自己未来的研究方向。从教师身份认同的角度来说，从 OISE 毕业之后，我还是没有完全建立起“practitioner-researcher”（从业者—研究者）这一身份认同，但我始终在朝着这个方向努力。

语用和语法，一个都不能少

我的英语听起来礼貌吗

和语法错误相比，英语为母语的使用者更在乎语用（pragmatics）错误，也就是说当一个英语非母语使用者与其交谈的时候，只要语法错误没有严重到影响交流，母语使用者更倾向于包容对方的语法错误，但他们会被语用方面的错误困扰。我先举个自己原来经常犯错的例子：在用英语请求别人帮助的时候我经常忘记改变动词的时态。我表达礼貌的方式通常是先说“excuse me”，再在句子结尾加一个“please”，但是动词永远都用一般现在时，我觉得这样就很有礼貌了。其实我很早就学过“Would you...”或者“Could you...”这些表达方式，但是在真正用英语和别人交流的时候总是忘记使用。

自从开始关注语用的问题，我就开始嫌弃自己在说英语的时候是个不懂礼貌的人。跟国外的教授说话的时候想说“您”，可是英语里偏偏没有第二人称的敬语（honorific），动词时态又总是忘了变，也不知道在老师们的心中我是不是一个说话过于直接的学生。相信老师们都能理解母语不是英语的学生在说英语的时候有可能措辞不是那么合适，但是从我的角度出发还是想努力让自己的表达方式更得体一些。

在朱莉·克里克斯（Julie Kerekes）教授的“语言教育中的语用学”（*Pragmatics in Language Education*）这门课上，我读到了霍特格雷夫（Holtgraves, 2002）的 *Language as Social Action* 一书，这本书讲到了布朗和莱文森（Brown & Levison, 1987）的礼貌理论（Politeness Theory）中的消极礼貌（Negative Politeness）。使用虚拟语气（subjunctive）就是消极礼貌中减少强制（coercion）的策略，比如在请求别人做某事的时候把“Will you…”改为“Would you…”。另外明确表示不想给对方添麻烦也是一种消极礼貌策略，比如先承认让别人帮忙会给别人造成一定的影响：我知道你挺忙的但是（I know you are very busy but…），然后再说让别人帮什么忙。如果觉得陈述句语气过于强硬，那么可以试试反义疑问句（tag questions），也可以在陈述句里加上一些模糊限制语（hedges），比如“if”从句：“如果可以的话，能不能……”“如果你不介意的话，能不能……”。这些方法都是符合英语礼貌的表达方式。甚至简单地把一个一般现在时的动词改为一般过去时，就可以体现礼貌，比如把“I want to”改为“I wanted to”；把“I'm wondering”改为“I was wondering”。

从这本书的书名 *Language as Social Action* 可以看出作者主张的观点是：人们在使用语言的时候其实就是在完成一个行为（perform an action）（p. 5），比如我们说“Would you please close the window?”的时候其实是在完成请求别人关窗的行为。当然，言语行为（speech acts）不止包括请求这一种，当我们想得体地拒绝别人的时候也需要礼貌的表达。之前我英语不好的时候，如果别人约我出去玩但是我不管什么原因没办法赴约时，可能会说“I'm sorry. I cannot go.”虽然我先说了“sorry”，但这种表达方式还是比较生硬。后来我就改为先说“I would love to（我非常想去）but…”再给出原因。这种体现礼貌的逻辑其实很容易理解，多考虑对方的感受，尊重对方并肯定对方。

另一种礼貌策略“非公开策略”（off-record politeness）就相对复杂一点，因为在对话中我们其实不能确定对方是否能理解我们的弦外之音。霍特格雷夫的书里有这样一个例子：一个学生刚做完一个口头报告，然后就问他的同学：“你觉得我的这个报告做得怎么样？”同学回答说：“口头报告真的不容易做。”这个回答看似和问题是不相关的，因为提问者并不是提问做口头报告的难易程度，但是从这个回答中我们其实可以推断出这个同学的意思是报告做得不太好，但是他并没有直接地说“你做得不好。”这种弦外之音是否能被提问者推断出来，是受很多因素影响的。如果这个学生没有推断出这句话的意思，那么接下来的对话可能就会变成“我也觉得口头报告确实不容易做，那你觉得我做得怎么样？”这种策略大家觉得是不是似曾相识？“off-record politeness”和上文我提到过“故意违反谈话中的合作原则”是一回事。

关于礼貌策略的理论大家如果有兴趣可以看霍特格雷夫的这本书，我主要想分享一下我对研究言语行为（包括礼貌策略的使用）之前的准备工作的心得和对教学方面的思考。

在这门课上我有一个小作业是分析言语行为，具体做法是我选择一个对话者，把我和这个对话者的一段日常对话录下来（我和这个对话者可以用任何我们都会讲的语言进行交流），然后选其中的 2～3 分钟的内容来做分析。当然在做这个小小的分析之前，也需要获得对话者的同意，就是上文已经提到过研究的道德伦理问题，此处不再赘述。同样是因为道德伦理的问题，我在这里不具体说明我的对话者是谁以及我们的对话内容是什么，但我想说一下把录音转录成文本的过程（transcription），这是在分析数据之前必须做好的准备工作。我觉得文本转录是一个既麻烦又有趣的过程，因为不仅录音中两个人说的每个字都要转录出来，语气的变化、停顿、升降调、说话的声音忽然变大变小、说话的过程中的笑声和动作等都需要在转录的文本中体现，所以文本中除了文字还有大量各种各样的符号。虽然录音只有 2～3 分钟，但是这段录音要完整地转录成文本可不是短时间就能完成的。有一个小细节是“Julie”提醒我才注意到的，就是文本字体的问题。平时写论文的时候我习惯用“Times New Roman”字体，有的同学可能习惯用“Arial”字体，这两种字体都是不等宽的。不等宽的意思就是说字母和符号占的位置不一样大，比如字母 i 和字母 m 宽度就不一样，句号和问号宽度也不一样，这样上下行的字母都对不齐，看起来是非常难受的。教授建议我们在做转录的时候使用“Courier New”这种等宽字体，像这种细节如果不提醒我是肯定想不到的，后来我才知道编程的时候程序员也习惯使用等宽字体。

从教学的角度来说，我经常发现我的学生说英语使用礼貌策略的时候是直接把中文的礼貌策略“翻译”为英文来使用的，比如在请求别人做某事的时候加个“please”，和我之前的做法差不多。或者是在听到对方赞美自己的时候，第一反应是先否认，这个和我之前的做法也差不多。我曾经听过一个说法：如果对方用英语赞美你不要急于否认，但我不知道原因是什么。后来学习了布朗和莱文森的礼貌理论之后才明白否认别人赞美的做法其实是威胁了对话者的积极面子（threaten the interlocutor’s positive face）。布朗和莱文森认为交际活动中的双方都有两种面子，积极面子（positive face）和消极面子（negative face），在交谈的过程中，双方的积极或者消极面子都可能受到威胁，而人们正是通过使用恰当的礼貌策略来削弱双方面子受到威胁的程度。

虽然面子理论具有普遍性，但是礼貌策略的选择和语言使用者的社会文化规范（socio-cultural norms）有着密切联系。由于英语的社会文化规范和我们的母语显著不同，所以和提高语法使用准确度相比，我感觉英语学习者在提高语用能力方面需要老师提供更多的帮助，学生需要接触和分析更多真实的语料来获得语用学知识以及元语用能力（metapragmatic competence）。我在上文提到我曾经写过的一篇纵向比较三本公立初中英语教材教学法的论文，在这三个时期的英语教材里，我没有看到非常明确的涉及语用知识的内容（因为每个时期只看了一本所以也许同时期其他年级的教材有涉及语用方面的内容）。不过在最新的一本教材里我看到了一些讨论东西方文化差异的内容，比如别人送你礼物的时候要不要双手接，礼物要不要当着送礼人的面拆等（Module 11：Way of life）。使用这本教材的老师其实可以利用这部分内容给学生扩展一下英语里表达和接受感谢的方式，以及当说话人表达和接受感谢的时候，是说话者还是听话者的面子受到威胁，是积极面子还是消极面子受到威胁。

刚才提到了我们使用礼貌策略有时候是为了减少听话者被“强制”的感觉，但是我曾经有个行为是原本我自己以为挺有礼貌的但反而是加重了听话者“被强制”的感觉。我有时候在交作业之前会先写个提纲用邮件发给老师让其帮忙提点建议，在发邮件中都会写一句“thank you in advance”（提前谢谢您）之类的表示感谢的话。我觉得这挺礼貌的，我找老师帮忙，提前表示一下感谢，这不是挺好吗？但是在学习语用这门课的时候，Julie特意提到了“提前感谢”这件事。“提前感谢”其实是加强了听话者“被强制”的感觉，因为“感谢”这种言语行为需要满足以下适切条件（felicity conditions）：听话者在过去做了一件事（propositional content），这件事对说话人有好处并且说话人自己认可这件事对自己有好处（preparatory condition），说话人对听话人做的这件事确有感激之意（sincerity）。我对老师表示“提前感谢”的时候，虽然我是真诚地想向老师表示感谢，但是老师帮我看提纲这件事还没有发生。我对尚未发生的事情表示感谢，其实是加重了听话者“被强制”的感觉。明白了这一点之后我发邮件就没再使用过“提前感谢”这样的表达方式，但是我在邮件结尾处会写“thank you for taking the time to read this email”（感谢您花时间阅读了这封邮件），这种表示感谢的言语行为满足以上提到的所有适切条件。

和母语为英语的人学表达

在语用学的课上，教授曾经让我们以被研究者（research participants）的角度填写一份语篇补全测试（Discourse Completion Task，简称 DCT），它是最常见的语用言语行为研究中收集语料的方法。我们填写的 DCT 其中有一题大概是这样的：你的一位朋友和你聊到这个周末他是否要去另一个城市看望他的父母，这位朋友对你说：“我下周一有一篇论文要交，而且我现在手头有点紧（DCT 原话是“I'm short of money”，我理解为手头有点紧），火车票要 100 加元。但是如果我不去的话我父母肯定会很失望，我都说了我会去看他们的。”因为这段话里有“short of money”，所以我的理解是这位朋友想借钱又不好意直接开口，所以先迂回地聊到了有论文要交。但是我觉得论文并不是他困扰的主要原因，他主要是想借钱，但不能一上来就开门见山地说。所以我给这道题的回复是“如果你需要的话我可以借你钱。”非常有趣的是，当时和我一起上课的同学，没有任何一个母语是英语的同学把这句话理解为借钱，他们给出的回复基本都是安慰这位朋友并帮他出主意解决问题，比如建议朋友通过打工赚钱或者先找父母垫付之类的，还有同学顺便给出了写论文的建议。在母语是中文的同学中，有部分同学和我一样把这句话理解为借钱的委婉说法，另一部分同学把这句话理解为是一种抱怨的表达方式。我举这个例子的目的是想说明，词汇和语法并不是唯一的影响英语进步的因素，对话者的母语和目标语言以及语言背后的文化的差异都是我们需要不断学习和了解的。

语用学里包括语言语用知识（pragmalinguistic knowledge），语法语用知识顾名思义指的就是和语言本身相关的知识，比如说话者没有遵循母语为英语使用者的文化背景，按照中文的表达习惯把要说的话直接逐字逐句翻译为英语而导致的交流失误就属于语言学家认定的语言语用失误（pragmalinguistic failure）范畴，或者说话者不能理解对方表达的言外之意而导致的交流失误也属此类。语用知识里也包括社会语用知识（sociopragmatic knowledge），由于说话者缺乏对文化差异的认识而导致的语用失误就属于社交语用失误（sociopragmatic failure）。语言是永远都不能脱离语境存在的，所以想要提高英语能力，就一定要把英语学习放在各种不同的场景里,同时也要了解这门语言背后承载的文化内涵。

我记得有一次在语用学的课上我们讨论了如何回复别人对我们表达的感谢，我能想到的回答有“you are welcome”“no problem”“no worries”“anytime”等。我在加拿大没有遇到过任何人用我们从小学开始就记住的“not at all”来回复我说的“thank you”。但是这并不表示“not at all”这个表达方式是错误的，只是说明在我生活的环境中，我接触到的人都不习惯使用这个表达方式。我们在课上讨论的问题是：当别人对你表达感谢，你想说“不用谢”的时候，你会随机从各种表达方式里任选一种吗？当我们选择不同的表达方式的时候，背后有没有深层的原因呢？Julie 说，每次在公共场所比如商场，她替身后的人扶着门，别人感谢她的时候，她会回复“no problem”。因为她觉得帮别人扶着门是小事一桩，根本不值一提。她觉得如果回答“you are welcome”就感觉有点太隆重，好像是帮了别人一个多大的忙似的。我的一个同学说，在同样的情况下他不会回复别人“no problem”，因为“no problem”表达的是没关系，没事儿的意思，他怕对方误会扶着门这件事给自己造成困扰了所以才会说“no problem”。这位同学觉得“you are welcome”能表达出“我很乐意帮你扶着门”的意思。我们的讨论没有最终的结论，大家在同一个场景下选择不同的表达方式更能说明语言的使用是灵活的，真实的交流不像只有客观题的考试，有且只有一个标准答案。

我在加拿大学到的一个常用的回复“thank you”的表达方式是“sure”。第一个这样回复我的是我的一位老师。当时的情况是这样的，我在读文献的时候遇到点问题，就去向这门课的老师请教，老师解释完之后我茅塞顿开，然后我就向老师表示感谢，我的老师乐呵呵的回了个“sure”。我当时就在想，“sure”不是当然的意思么，老师的意思难道是我当然应该谢谢他？理虽然是这么个理，老师为我们传道受业解惑，作为学生我理所当然要向老师表示感谢，但是用“当然”回复“谢谢”还是感觉有点儿别扭。后来我注意到，当别人给我扶着门我表示感谢的时候，对方会回复“sure”；当我拎着东西腾不出手别人帮我按电梯楼层按钮我表示感谢的时候，对方也回复“sure”。这个问题实在让我很困扰，所以我就请教了一位母语是英语的朋友，我说为什么我在对别人表示感谢的时候，他们要回答我“sure”呢？“sure”是“你当然应该感谢我”的意思吗？我朋友觉得我这个问题特别有意思，他不知道我为什么会这么想。他告诉我“sure”的“当然”是“我当然应该帮助你”的意思，也就是说你不用谢我，这是我应该做的。这下我恍然大悟了，虽然我之前并没有在英语教科书上看到过这样的用法，但是后来我非常频繁地使用“sure”这个词来回复别人对我的感谢。

在英国的时候我没有接触过用“sure”回答“thank you”的用法，我遇到的英国人在大多数需要表达谢意的场合都喜欢说“cheers”。比如公交车到站的时候，乘客们在下车之前就会和司机说“cheers”，这个“cheers”既表示“谢谢”又表示“再见”。司机的回复通常也是“cheers”，同样表示“谢谢”和“再见”的意思。超市结账的时候顾客对收银员说“cheers”，收银员也会同样地回复“cheers”，或者“take care”。“take care”这个表达方式在加拿大也经常听到，它也经常用在非正式邮件的结尾作为祝福语，就像我们常说的“保重”。英国人有时候也用“lovely”来代替“thank you”，但是在我接触过的人当中“lovely”的使用频率远远低于“cheers”。

有的小伙伴可能暂时没有机会到国外生活或者周围没有太多讲英语的人一起交流，那也没关系，包含英语对话的真实语料也是很好的提高语用能力的资料。这类语料有很多，比如英文的电影、电视剧、访谈类节目都是很好的学习材料。在我们的课上，Julie 曾经用《生活大爆炸》里 Sheldon 和其他角色对话的片段让我们分析他的语用错误。因为 Sheldon 经常不理解对话者的言外行为，总是违反谈话中的合作原则，观众就觉得很搞笑。在时间允许的情况下，我也会在我的课堂上组织学生分析影视剧人物言语行为的活动。

关于写作的那些事儿

阅读和写作对于在各领域从事不同职业的人来说都是至关重要的能力。虽然上学的时候我曾经觉得上语文课经常做阅读理解和写作文没什么必要，都是中国人谁还能看不懂或者写不出中国话呢。但是后来离开学校之后才发现真的有很多人既看不懂听不懂别人说什么，也不能把自己的想法准确地表达出来以至于造成交流的不顺畅，甚至引起很多误会，严重影响工作效率。二语写作尤其是学术写作就更难了，词汇、语法、思维方式、对于所写主题的专业知识的掌握程度等很多因素都会影响到二语写作者的表现。在这一小节里，我会介绍我在盖·艾伦（Guy Allen）教授的表达性写作（*Expressive Writing: Practice and Pedagogy*，以下简称 *Expressive Writing*）这门课上学到的练习写作的方法。

Allen 教授告诉我们，表达性写作最重要的原则就是“Show. Don’t tell”。比如想写一个人幽默，不要直接用“humor”“sense of humor”“humorous”这样的词来形容这个人，而是要通过他和别人的对话，他做事的方式，让读者感受到他是个幽默的人。*Expressive Writing* 这门课的名称里包括“practice and pedagogy”，但是很神奇的是在这门课上我们进行了大量的写作“practice”（练习），却没有听教授刻意讲过“pedagogy”（教学法）。可是在课程结束的时候，我们每个人都梳理出一套和二语写作有关的教学法。教授没有把教学法直接告诉我们，而是通过他独特的课程设计方式把教学法展示给我们，亲自示范了“Show. Don’t tell”的原则。后来我在阿利斯特·康明（Alister Cumming）教授的 *Writing in a Second Language*（二语写作）这门课上写了一篇论文叫做 *Learning in the Course Expressive Writing*，主要内容就是讲 Allen 教授的教学法设计，以及这样的教学法为什么是成功的。

写！什么都别想

在 Allen 教授的课上我们做的第一个练习就是“20-Minute Free-Writing”（20 分钟自由写作），这个练习是自己计时，想到什么就写什么，只要 20 分钟没到就需要不停地写，可以手写也可以打字，看自己的习惯。因为我打字比写字快，所以我是用打字的方式做的这个练习。教授告诉我们在这个练习过程中不用顾及逻辑、用词、语法和标点，总之就是什么都不用管，任凭脑子飞快地转，手不停地敲键盘，想到什么就写什么。句子里可以有错误，可以语无伦次，写不出来的时候就写“我现在不知道写什么了”之类的话直到有新的想法了再往下继续写。我第一次做这个练习的时候在 20 分钟之内写了 409 个单词，当时我想，可能因为英语不是母语的原因，如果用中文做这个练习，我肯定能写更多字。然后我又用中文练习了一次，写了 806 个字，当时我觉得这个字数还可以接受。但是等到下一次上课的时候我就发现母语是英语的同学们都写了 1500 个英文单词左右，这个字数差距真的吓到我了。

这个练习的特点是写的时候什么都不用想，但是写完了必须反思。我自己做这个练习的感受是这样的，虽然“free-writing”的要求是想写什么就写什么不用考虑太多，但是我做不到在写的过程中什么都不想。所以接下来，我就开始分析自己写的这些段落的具体内容以及写作中我的感受，比如这些段落中有哪些内容还可以继续扩展，还有为什么我在自由写作的过程中总卡壳。这个练习应该尽量每天都做，如果做不到每天，至少每周也应该做三到四次，练习的时间越久就会逐渐适应这种思维外化的感觉。而且“free-writing”是非常好的培养专注力和促进思考的方法，因为我思维比较活跃，所以如果我只是在脑中思考一件事但不落在纸上的时候，很容易想着想着就走神了。但是在做这种限时的自由写作的时候，我能一直把精力放在当前写作的内容上。

当练习到第三天的时候，我在 20 分钟之内写了 503 个单词，比第一次练习的时候多了将近 100 个词，现在我已经能写到 1000 词以上了。虽然我依然不能控制自己在写作过程中考虑词汇和语法的使用，但是我输出观点的速度加快了很多。这个练习对于训练注意力和思维扩展非常有帮助，强迫自己就一个核心问题不断扩展，思考的效率也提高了很多。如果这 20 分钟我不是用来写而是用来想，其实是想不出那么多内容的。但是我写了之后就发现，原来在那么短的时间里我就能输出那么多内容。我现在经常用 20 分钟的“free-writing”对我一天上过的课进行总结：每个学生在课上反映出什么问题，他们的作业完成得如何，他们后续的课程内容我需要作出什么样的调整。这样我既练习了自由写作，又总结了工作内容，可谓一举两得。当然在 20 分钟结束后，我会把写的内容整理一遍。

我们在表达性写作这门课上主要学习的是写叙述性故事，有的小伙伴可能会有疑问：研究生应该主要写的都是学术论文，为什么要学习写故事呢？其实练习表达性写作对提高学术写作能力有很大帮助，这是有科学依据的。写故事能让作者从论文的结构化中解放出来，作者会加深对自己的了解并且提高创造力，越来越适应思考复杂的问题，这样的能力对学术写作很有帮助，这不是我说的，是 Bilton 和 Sivasubramaniam 在一篇 2009 年发表的研究表达性写作的论文里阐述的观点。如果大家对表达性写作和学术写作的能力之间的关系有兴趣，可以详细阅读这篇论文。

在写一些生活小故事的时候，我越来越意识到我学英语的过程中缺少对一些生活化的词的积累。即便是在海外学习了一段时间，很多自己专业的词汇都掌握得挺熟练，因为每天反复在文献中见到这些词，也在写论文的时候不断输出。但是一些简单的生活化的用词，见到和使用的机会反而少很多。比如有一次我准备写一个关于包饺子的故事，当时我想写这样的动作：在面板上和面（knead dough on a pastry board），“knead”（揉合；捏制）和“dough”（生面团）这两个词我都不会。和面粉有关的词我只能想起来“flour”，和“揉”有关的词我能想到最接近的就是“press”。“knead”和“dough”这两个词我真的是一点印象都没有，都是为了写这个故事特意查的字典。还有饺子皮对折（fold the wrapper over in half）这个动作，对折之后在一边打褶（pleat one of the edges），“pleat”（使……打褶）这个词我感觉也没在教材里见过，但“pleat”也是个非常生活化的词，像“百褶裙”的“褶”就是“pleated”。包饺子的“包”（wrap，包起来、缠绕的意思）这个词我知道，因为爱吃鸡肉卷（chicken wraps），这个词平时见得比较多。所以大家看看，我就是想写一篇关于包饺子的小故事，得查多少次字典。

简洁也是英文写作的重要原则，而啰嗦（redundancy）是很多二语学习者在写作时候常有的问题，啰嗦的意思就是句子里有不必要的词（unnecessary words）。比如在某一篇练习里我写过这样一个句子“She spoke in a whisper,”意思就是她小声说。一个英语为母语的编辑建议我把这个句子改成“She whispered”，五个词变成两个词。而且她跟我说，修改文章的时候要时刻牢记简洁的原则，用尽量少的字数去清楚地表达自己的观点，她把这种修改方法比喻为给文章“减肥”。在我知道词要简明是写作的一项重要原则之后，我开始分析为什么自己做不到，大概就是以下两个原因：其一是我对已知单词的理解不确切，对自己的语言水平不自信。像这样一句话“Future（未来）prospects（前途）are promising（有希望的）”，这句话的问题在于“prospect”这个词的含义包括了“future”，前途，就是前面的路途，本来就包含了“未来”的意思。所以“future prospects”不能说有严重的错误，但是不够简洁。我之所以会这样表达，是因为我总怕自己没有把想要表达的意思说清楚，所以总是想多给名词加形容词，多给动词加副词，但是这样的做法有时候起到的是反作用。

既然想让自己写的文章简明扼要，那就要从理解单词的准确含义和词性入手。我之前觉得“whisper”就是一个名词，所以我会写“She spoke in a whisper”这样的句子。编辑给我提出修改意见之后我才意识到这个问题，之后写作的时候我会刻意检查有没有类似的情况出现，而且我会刻意查一下词典看看我用的名词有没有动词的词性。

第二个原因更简单粗暴了，就是词汇量不足。比如我有一次写了一个句子描述人特别有条理，用到了“order”“rule”“organized”之类的词。我一个词汇量大的朋友看了之后说，你不就是想说“methodical”（有条理的）嘛。我听完没反应过来，她把这个词写出来之后我说这个词长得有点像“method”“methodology”，感觉和“方法”有关。我是肯定不会用这样的词的，我甚至不能确切地说出这个词的意思。我朋友说这是四级词汇，那可能就是我当时没背到吧，怪不得才考了 60 多分。不过尽管在写作的过程中会出现这样那样的问题，但是在做“free-writing”练习的时候不需要顾及那么多，遇到不会写的词就换个词用，语言啰嗦都不要紧，完成既定时间的练习之后再修改就可以。比如我有一次想写人们在使用电子设备（手机、电脑等）的时候应该保持警觉，一方面是自己使用的设备属于哪种类型，另一方面是使用这些设备的时间有多长。我第一遍写的句子是这样的：Individuals should remain vigilant about what types of electronic devices they are using and how long the devices are consumed. 经过修改之后的句子是这样的：Individuals should remain vigilant, both when it comes to the types of electronic devices they are using and the duration of use. 在修改版的句子里“duration of use”其实就是“how long the devices are consumed”的概括。

简单粗暴的原因自然也有简单粗暴的办法来应对，那就是多查字典。以前英语不好的时候我习惯用英汉词典，后来随着词汇量的增加我也开始喜欢用英英词典了。有学生问过我学英语是不是必须使用英英词典，我觉得因人而异。如果学生有基础的词汇量，我还是推荐使用英英词典的，而且我觉得学生一定能通过使用英英词典受益。不过如果学生更习惯使用英汉词典也没关系。我刚开始改用英英词典的时候为了提高自己的兴趣，买了一本《韦氏加菲猫词典（M-W Garfield Dictionary）》，这本词典最大的特点就是有很多加菲猫的漫画。冲着这些漫画，我就愿意多翻翻，唯一的不足是里面没有给每个单词配例句。英英词典的好处在于每个单词的解释都清晰简洁，尤其是那些用中文解释可能不那么确切的词，因为不同语言的两个词之间未必能建立起完全等效的对应。有些词翻译为其他语言的时候内涵或感情色彩上可能会发生微妙的变化。

目前我最常用的词典是由剑桥大学出版社出版的《剑桥高阶英语学习词典》（*Cambridge Advanced Learner's Dictionary*）第四版，这本词典首次印刷是在 2013 年。它厚度有六厘米多，不方便随身携带，适合放在家里或者办公室使用。我非常喜欢这个词典的插图页，里面包含了一些生活化场景的单词配图，这就解决了很多日常生活中并不难但是不一定被英语教材收录的单词的积累。比如“balcony”和“patio”这两个词，我刚开始接触到“patio”这个词的时候，看到的中文翻译包括“露台”“平台”“天井”“露天庭院”等，其中露台这个词给我的感觉就和“balcony”的阳台差不多，可能就是比阳台大一些。但是天井和露天庭院这样的解释，又让我觉得和阳台不是一回事。在这本词典的插图页 *Houses* 这部分（C50），有一个独栋别墅式样的小房子，房屋结构都用英文单词标示出来了。在图上一眼就能看出阳台（balcony）和露台（patio）的区别，从房间延伸出去的空间是“balcony”，而房屋外面和房屋连接的地方，铺砌了地面的地方（paved area），摆了桌子椅子用来吃饭聊天和呼吸新鲜空气的地方就是“patio”。有人说“balcony”是公寓房间的阳台，“patio”是独栋房屋的露台，但是通过词典的插图我们就能看出来，独栋房屋也是可以有“balcony”的。亚马逊网站上有一些卖“patio furniture”的商家，这些就是适合放在院子里的桌子椅子之类的，我们也可以说“We had a barbecue on the patio yesterday”（昨天我们在露台烧烤了）。

有的小伙伴可能会问，除了单词方面的问题，是不是中文思维方式也会影响英文写作的流畅性？如果培养出双语思维是不是就能解决这个问题？我先举一个体现中英思维差异的经典例子：当别人跟你说“Nice to meet you”的时候你想回答“我也是”，这时候应该说“me too”还是“you too”？回答这个问题之前我们需要先把原句补充完整：“It's nice to meet you”，所以完整的回答应该是“It's nice to meet you too”。这样看就非常清楚了，这句话里压根儿没有“me”的事，所以应该用“You too”。而对“Nice to meet you”回答“Me too”是中文思维的体现，或者说就是还没建立起英语思维方式。我能理解大家平时说的培养英语思维是什么意思，但是可能因为我没有学习英语的天赋，所以即使现在英语水平不差，我依然觉得我没有培养出英语思维方式。如果大家想了解更多中英思维的差异，那我给大家推荐两本书，一本是上文已经提过的钱歌川先生的《英文疑难详解》，另一本是连淑能先生的《英汉对比研究》。这两本书是学术型著作，但是非常好读。

虽然我到目前为止还没有培养出英语思维，但是我能写出符合英语思维方式的句子，不过一步不成，要分成两步。首先是按照自己的原本想法先把句子写出来，然后按照英语思维方式进行修改。给大家举个例子，比如我想写“我想到一个好主意”这句话，我会先写“I came up with a good idea”，这个写法肯定没有任何问题。但是如果用“a good idea”做主语，这个句子也可以写成“A good idea occurred to me”或者“A good idea came to my mind”，或者“A good idea flashed through my mind”。这种以“a good idea”作为主语的写法在我刚开始用英语写文章的时候很少使用，因为我很少用中文写“一个好主意进入我的脑子”这样的句子。这其实就是属于上文我提过的钱歌川先生在书里讲到的中英思维差异的例子。很多英语句子的主语是无灵主语（inanimate subject），而谓语动词往往是有灵动词（animate verb），在我们看来这样的句子是有拟人效果的，感觉那个“good idea”活起来了。相比于英语文化而言，我们的文化更重视思维的主体性，认为人或者其他生物是完成谓语部分行为的主体。通过改写句子，我其实就是在通过刻意把主语是人，宾语是物的句子改写为以物做主语来培养自己以无生命的物品做主语的思维方式。但是大家一定要注意，练习改写的时候千万不要把句子改为被动式，那就失去了练习物做主语的意义，一定要使用有灵动词让无灵主语生动起来。

那我们现在练习一下这个句子——“昨天晚上我失眠了”。过去我的思路是这样的，我先在脑中快速搜索一下有没有不会的词，比如我发现“失眠”的英文我不知道，那我就会先查一下这个词怎么说。查到名词失眠“insomnia”之后，我就会再给它搭配一个动词，所以我会写“I had insomnia last night”。如果我嫌“had”这个动词太简单的话，那很有可能会将其修改为“I suffered from insomnia last night”。下一步我就要把这个句子改为无灵主语引导的句子了，受到上面那个例子的启发，可能很多人会想到“Insomnia occurred...”。但我们不妨换个思路，把失眠拆开看，那就是失去睡眠。所以这次我们用

“sleep”来做主语，可以说“Sleep eluded me last night”（elude是逃避、躲避的意思），或者“Sleep escaped me last night”（escape是逃避、避开的意思）。用这样的句子表示失眠是不是很形象？我改写符合英语思维的句子的目的是想强迫自己把表达方式调整得更接近英语为母语的使用者。虽然我做不到直接用英文思考，但是我可以先用中文思考，再调整句子结构，尽量输出比较地道的英文。在我第一次想写“昨天晚上我失眠了”的时候，能直接想到“Sleep eluded me last night”几乎是不可能的，这不符合我的思维方式。但是我可以分上述的几个步骤修改出一个比较符合英语思维习惯的句子。不过如果是在做“free-writing”练习的时候想写这句话，那我肯定会先写“I had insomnia last night”。

通过反复练习，我在英文写作时的表达方式越来越接近母语为英语的使用者，但是这样的表达方式在我说英语的时候却不一定能做到脱口而出，因为说话的时候没有思考时间和反复修改的机会。那我这种情况算不算是培养出了真正的英语思维？可能每个人对英语思维的定义不同，培养英语思维的目的也不尽相同，针对这个问题可能会得出不同的答案。我觉得我没有培养出英语思维，除了经常发生的日常对话之外，我做不到直接用英语思考，我在输出英语的时候脑子里还是有个翻译的过程。简单的说就是我用中文思维思考这件事是不可控的，我只能控制在输出英语的时候尽量靠近英文思维方式。但是我并不以达到母语为英语使用者的熟练程度作为学英语的目的，我对自己的要求就是可以做到和其他说英语的人正常交流，包括口头和书面交流。在完成交流目的的基础上，尽量让我的表达更地道。

Allen教授告诉我们，即使不是在做“free-writing”练习的时候，也不要过多地考虑词汇和语法，当然教授说的是第一稿。在写作的时候很重要的一点就是让真情实感自然流露到笔尖，或键盘上。所以我在练习的时候尝试了看到什么就写什么，感受到什么就写什么。有一天特别冷，下着雪，我从图书馆回到家一进门就感受到扑面而来的温暖。于是那天晚上我在练习的时候就写下了这样一段：When I opened the door of my apartment, I could feel the warm air on my face. I took my backpack off and placed my laptop on the desk. I then sat by the window and felt the reflected warmth against the cold and snow outside. 简简单单的词汇和语法，写出了大冬天我迎风冒雪回到家之后最真实的感受。我觉得写得很平淡，但是教授说这样很好，先做到能把自己的感受完整、真实地表达出来，之后再考虑文采的事。

好文章都是改出来的

Allen 教授在课上反复强调一个写作原则——不要指望自己的第一稿就是完美的，第一稿本来就是用来修改的，写得不好也是情有可原的，我觉得这大概是练习写作的时候最重要的指导原则了。Allen 教授给我们留的写故事的作业，交终稿之前改六七遍是很常见的。当然限时的考试是不同的情况，比如雅思写作需要在一小时内完成一篇 150 词的小作文和一篇 250 词的大作文，考试的时候我最多写一个提纲，然后就得开始写正文。如果写得快的话，还能在完成两篇作文之后检查一遍，如果写得稍微慢点可能连检查的时间都没有。但是在备考练习的过程中，考生是可以反复修改自己的作文的。有些句子结构多改几遍就有可能在第一遍写的时候自然而然地想到了。如果能提高写作速度，考试的时候最好还是检查一遍，因为我发现我自己第一遍写的作文里总会有一些简单的拼写和语法错误，只要有时间检查就一定能看出来。

在 Allen 教授的课上，我们每次交作业的时候都会在封面标明这次作业的版本号。比如第一次作业的第一版叫“Assignment 1a”，修改版依次叫做 1b、1c、1d 等。每次作业只要修改过，就需要把新版本交给教授。教授的办公室里有我们每个人的作业文件夹，每次我们交上去一份新版本的作业，教授都会放到我们自己的文件夹里，也就是说每人一个“portfolio”（文件夹；作品集）。整个学期我们一共写了七次大作业和 36 次小练习，期末我提交的大作业版本号分别为“Assignment 1f、Assignment 2e、Assignment 3e、Assignment 4d、Assignment 5e、Assignment 6c”和“Assignment 7c”。教授只为每个作业的最终版本打分，所以不管第一稿写得怎么样，只要我们能使用课上学到的写作方法不断修改自己写的故事，最后都会得到不错的分数。而且除了成绩，我们还收获了七篇经过一字一句斟酌打磨过，即使不算完美也足以称得上优秀的文章。

我给大家举一个我修改自己写的一个小时候的故事的例子。在一篇叫做 *Honey Bee* 的故事的第一稿里，我写过这样一句话“I lie on Mom’s shoulder, play with her hair, and giggle.”我在写这个作业的时候已经在 Allen 教授的课上学了两个写作技巧：一个是平行结构（parallelism），这句的平行结构非常简单，就是三个动词的平行；另一个技巧就是用具体准确的动词代替意义宽泛的动词，比如“giggle”（咯咯地笑）这个词就是一种比“laugh”更具体的笑。这句话后来被我修改为“I lie on Mom’s shoulder, play with her hair—her butterfly hairclip seems to fly from her head—and giggle.”这两句话的区别在什么地方呢？

只是增加了一个蝴蝶发卡的细节吗？在修改版中我加上发卡这句话一方面使原有内容更加细节化，另一方面也把读者的视线锁定在头发这个部分，就像拍电影时候给特写镜头的感觉，这在写作中的手法叫做“write from different cinematic angels”（Clark, 2008, p. 165）。用 Clark（克拉克）的话讲，写作的人应该把自己用来写作的工具变成一个摄像机，我们有时候会把镜头推近人物，有时候会把镜头拉远把焦点放在周围的环境。

除了镜头式的表现，这句话还用到了 Allen 教授教我们的一种句子结构——介入式结构（intrusive sentence）的写法。介入式结构就是把一个完整的句子插入到另一个完整的句子当中，这种结构会打破原来句子的流畅感，但是能赋予新句子一种特殊的节奏感。我在写关于拔智齿的故事的时候也用过同样的方法：“A nurse comes in—she wears a mint double-pocket medical uniform—and leads me into the outpatient dental surgery room.”这个句子其实可以拆成两部分，护士的行动和护士的穿着。把护士的穿着描写穿插在她第一个动作之后是为了给读者创造出更完整的画面感。介入式结构的插入部分也可以是一个问句，我在同一个故事里也用了以问句形式插入的结构。因为我智齿是横着长的，大夫在给我拔智齿的时候磨掉了我腮边的一点骨头，这样智齿才能暴露出来。于是我就写下了这个句子：“The dentist removes a small piece of my jaw bone—will it make my face smaller? —to extract my wisdom tooth.”这样的句子是很有趣的，当读者读到牙医磨骨的时候会觉得可怕，尤其是有过类似经历的读者会想起当时的经历。这时候插入一句我的内心戏“我的脸会不会变小？”就会让读者又感到轻松的气氛，然后再回到拔牙的“血腥”场面中。我在练习写这种结构的时候都是先分别写两个句子然后再组合起来，除了“intrusive sentence”这种结构，还有其他非常规结构的句子我都是先写、再改，不追求一次就把句子写得完美。

再来说说平行结构和含义更具体的动词的积累。在 Allen 教授的课上我们经常练习写平行结构的句子，从简单的某一类词性的平行，到综合性句子层面的平行。在练习每一种平行结构的时候，教授都会给出一个“公式”和一些例句让我们先对照着仿写，然后再逐步将这种写作方法变成自己的习惯。平行结构的练习不仅对于写作能力的提高有着重要的促进作用，它对理解阅读中的长难句理解也有很大帮助。有时候我们也练习写一些内容上非常荒谬但是语法正确的平行结构来体会内容和语法是通过不同的方式把单词结合在一起的。

写作大牛们经常分享的一个经验是：充分利用动词，所以练习使用含义更具体的动词也是 Allen 教授经常布置给我们的任务。教授经常提醒我们在写作的时候反复斟酌动词，因为副词的表现力要比准确的动词弱很多。大家想想，如果你读到一个人用“drink”描写别人在大热天大汗淋漓咕咚咕咚地喝水，和他用“gulp”（大口吞咽），哪个词更能让你感受到天气的炎热？当你读到一个人用“eat”描写小松鼠因为嘴太小，一口只能吃到一点点食物，和他用“nibble”（一点一点地咬），哪个词更能让你眼前出现小松鼠吃东西时候的可爱画面？

有一节课后教授布置的练习是写出“walk”（走）的同义词若干个。教授特意嘱咐我们，借助词典是可以的，但是一定要先自己想，直到真的想不出来了才可以查。同时教授也要求我们在阅读别人文章的时候注意作者表达各式各样的“walk”的时候会用到哪些动词。在那次练习之后我就知道了，如果我想说一个人步履蹒跚，可以用“stagger”而不是“walk unsteadily”；如果我想说一个人一路小跑，可以用“trot”而不是“walk briskly”。但是这种写法和雅思写作的要求不太一样，雅思写作中多使用一些动词和副词的组合效果是很好的。

积累同义词是一个非常好的练习方式，我在完成“walk”同义词练习的时候不断地在屋子里用各种方式走路，一会儿迈大步走（stride），一会儿踮起脚走（tiptoe），直到我确实想不起新的单词的时候才开始查词典。那时候我已经习惯使用英英词典了，通过英文解释我可以发现同义词之间细微的差别，比如“stroll”和“wander”都有漫步的意思，但是“wander”更侧重于漫无目的的闲逛。其实积累同义词是一个非常有效的梳理现有单词量并学习新单词的方法，在积累了新单词之后马上需要做的就是赶快把这些词用到自己下一次的写作中。Allen 教授每隔一周或两周就会让我们围绕某个主题写一个故事，我会尽量尝试把新积累的词写在这些故事里。如果这一周没有要写的故事，那我就会用简单的语法结构尝试写几个句子把这些新词用进去，目的就是看看自己是不是真的会使用这些词。强迫自己多使用这些词几次之后，这些词基本就进入我的输出性（productive）单词库了。

其实这样积累同义词的方式，积累的不仅仅是同义词，还包括上下义词（hyponymy），上下义词包括了上义词（superordinate）和下义词（hyponym）。上下义词是一种相对的概念，一个词相对于某一个或某一组词是上义词，但同时也可以相对于另一个或另一组词是下义词。上义词是相对概括性的词，下义词是相对具体的词。下义词除了包含了上义词的特征之外，还包括了额外的上义词不具备的特征。了解上下义词对于雅思听力和阅读考试中定位答案位置非常有用，比如《剑桥雅思 8》听力 Test 1 Section 2 的第 39 题（p. 17）：

> Aerial photos can show vegetation problems, ______ density, ocean floor etc.
>
> **对应原文** “You can easily illustrate areas of diseased trees or how much traffic is on the roads at a given time or information about deep sea beds” (p. 135)。

对比了题目和原文之后我们不难看出，离空最近的名词“vegetation problems”在原文中被替换成了“diseased trees”。这里的“trees”是“vegetation”的下义词，“vegetation”（植物）是“trees”的上义词。“Diseased”（患病的）和“problems”虽然词性不同，但是在含义上“diseased”也属于“problems”的下义词。现在我们再回头看我在课堂上练习的写“walk”同义词的例子就不难看出，其实教授让我们积累的大部分都是某种意义比较宽泛的词的下义词。在写作中使用的词汇越生动具体，句子的表现力就越强，传达的意义也就越精确。从“vegetation”和“trees”对应的考点出发，我们可以再补充其他的下义词，比如“vegetation”除了树以外还包括什么其他的植物种类（plant species），而且每一个具体的种类都可以继续向下扩充下义词，比如都有哪些具体的树的名称。再比如还是《剑桥雅思 8》，阅读 Test 1 Passage 1 的第 2 题中有一个词“geography”（地理，p. 20)，这个词在原文的同义转换包括“equator”（赤道）“latitudes”（纬度）“northern”（北方的）（p. 18）这些表示地理位置的词。

我的第一稿永远都是任凭真情实感跃然纸上，我修改文章的过程才是一个不断加入各种写作技巧的过程。改文章其实比写文章难度更大，很多时候我根本不想再看一遍我已经写完的文章，更别提一篇文章要改上六七遍了，不知道大家有没有和我相似的感受。修改文章这件事最好能有小伙伴一起组成一个互助小组（在 Allen 教授的课上这种互助组叫做 editing groups）。教授当时的要求是三到五人组成一组，每周大家找时间聚在一起，依次把自己写的故事读出来给大家听，因为有些看不出来的错误在听的时候会比较明显。然后大家分别讲讲自己觉得这个故事写得好的地方以及提出一些修改建议。我们组一共三个人，由于我们都不是专业从事写作或者编辑的人员，因此很有可能提出的建议还不如作者原来的写法好。而且我们母语都不是英语，所以经常担心自己提出的意见会误导原作者。我还特意和教授聊过我在给别人提建议时候的顾虑，我说我没有这个自信去给别人提建议，我怕我的语言能力和写作的能力不够好，提出的建议反而误导了作者。教授告诉我，首先，不要因为英语不是母语，用英语写作的时候就觉得自己一定不如母语是英语的同学。二语写作者有时候用词确实没有那么地道，但是母语的表达能力是会迁移到二语的；其次，作者是否听取其他人提出的修改建议，取决于作者本人的意愿，毕竟故事是作者的故事，所以最后的决定还是要由作者来做。但是提建议的人和作者可以进行讨论，提建议的人要说明提出每一项修改建议的原因,为什么认为按照这样的建议进行修改之后文章会比原版好，然后作者要自己去权衡改前和改后的两个版本。这种讨论的目的并不是建议者必须说服对方接受自己的建议，而是要通过讨论完成建议者和作者合作构建知识结构（collaborative knowledge construction）的过程，Ailing Kong 和 P. David Pearson 在 2003 年发表的论文里对此有详细论述，有兴趣的小伙伴可以仔细读一下这篇论文。

虽然当时我们互助小组曾经假借修改作文的名义约出去吃火锅，但不可否认的是，我的小伙伴们给我写的文章提出过很多非常有价值的建议。在智齿那个故事里我写过这样一个句子：“I'm gonna cut your tooth into smaller parts to make it easier to remove,” my dentist tells me.”我的小伙伴说：“我拔智齿的时候我的牙医用的是 ‘smash’（粉碎）”。当时我就觉得“smash”比“cut”要生动形象很多，所以立刻接受了小伙伴的建议，在下一稿里把“cut”改成了“smash”。教授在给我做一对一辅导的时候特意表扬了“smash”这个词的使用，这当然要归功于我的小伙伴啦。这种同伴间的互助有一个非常大的好处，我们自己写作的时候通常认为自己想表达的意思已经写得很清楚了，但其实有些想法可能只是在我们脑海里呈现了，并没有完全表达出来。其他人在读我们写的文章的时候通常会发现那些表达不完善的地方，而且我们能从其他小伙伴的故事里学到一些我们自己不常用的写作方法。这种互助的方式叫做“同伴示范”（peer modeling），是 Allen 教授非常推崇的同伴互助学习法中的一种。

关于 Allen 教授的一对一辅导我想多说两句。在整个学期里，教授每周会在课外时间对我们每个学生进行 20 分钟面对面的辅导，这个辅导需要提前预约。在这 20 分钟里，教授会点评我们前一周写的故事，如果我们对课程内容有什么疑问也可以利用这段时间和教授进行讨论。教授希望通过多次辅导逐渐将自己作为权威的角色转变成一个提供支持的编辑的角色，通过肯定学生写作中展现出的优点来增加学生写作的信心。在进行过多次辅导之后，教授对学生的学术背景和学习需求越来越了解，所以他也越来越能给每位学生提供更具个性化的反馈。教授一直在鼓励我们对自己的写作负责，比如在刚开始上这门课的时候教授会在我使用不恰当的词下面划线，然后在这个词上面写一个可替换的词，但是过了几次课之后，教授只会划出不恰当的词，告诉我为什么这个词不恰当，然后让我自己去选一个更合适的词。

相比老师给的反馈，同伴反馈（peer feedback）执行起来的难度肯定要大一些。因为以我自己作为学生的角度来说，我觉得教授给的反馈肯定更专业，也就是说我更认可教授在这个学科里的权威性，我觉得我的同学可能都有跟我类似的想法。另外很多学生不知道怎么给别人反馈，就是听完别人读的文章，觉得整体写得挺好的，但是具体让你说点什么的时候，又说不出具体的内容。所以如果写作老师想在自己的班里组织互助组的话，一定要给学生们示范一下给反馈的流程，带领学生做几次同伴反馈。比如在我们的课上，Allen 教授安排了一项课堂讨论的内容，是关于他前一节课安排的课后阅读的范本（exemplars）故事。大家对范文进行讨论，对文章的优点各抒己见，也要谈谈还有没有什么地方可以改进。在同学们都发表完自己的见解之后，如果漏掉了比较重要的问题，教授会进行一些补充说明。这个流程其实和我们自己在小组里给反馈的流程很相似，所以我们在自己小组里进行讨论的时候就非常明确这个流程。如果老师不在课上带着学生做几次示范的话，学生们在小组讨论的效率可能会不高，或者给出的反馈也不会对作者有太大的帮助。

关于写作练习，Allen 教授给我们推荐了非常实用的参考书，我在这里也推荐给大家。除了上文提过的“把写作工具当摄像机用”的罗伊·彼得·克拉克（Roy Peter Clark）2008 年出版的 *Writing Tools: 55 essential strategies for every writer*（《写作工具》），还有安妮·拉莫特（Anne Lamott）在 1995 年出版的 *Bird by Bird: Some Instructions on Writing and Life*（《关于写作：一只鸟接着一只鸟》，以下简称 *Bird by Bird*）。这两本书都适合反复阅读，边读边实践，随时把学到的方法运用到自己的写作和修改的过程中。在 Allen 教授 2002 年发表的题为 *The “Good-enough” Teacher and the Authentic Student* 的论文里，我了解到他经过了十多年反复多次课堂实验、分析研究结果、不断地根据学生对课程的回应进行调整，才正式确定下来他的课程和教学法设计，所以我作为老师，也从不抱有第一次设计的课程就是最有效的这种期待，在课程设计和教学的过程中，永远要把学生对教学活动的回应考虑进去，这一点在 Ken Hyland 和 Fiona Hyland 2006 年发表的一篇讨论二语写作者反馈的论文里也有详细论述。

让你写的文章有真正的读者

以作业为目的写的文章，不管是叙述性故事还是学术论文，读者都是自己的老师和同学。但是如果我们写的论文能在学术会议上“present”或在期刊上发表，就多了个和同行业研究者一起交流的机会。对读研究生的学生来说，向期刊投稿应该算是压力非常大的事情，至少对于我来说是的；但是同时，投稿又是非常重要的事情，因为我不仅是研究生，也是一线教学工作的从业者。向期刊投稿是有好处的，因为期刊对稿件有严格的审核程序。如果论文发表了，那就意味着论文有了真正的读者，作者就有了和同行交流的机会；即使论文被拒稿了，也会得到审稿人和编辑提出的修改建议，这些建议可以帮助我们把自己的论文修改得更严谨。

期刊的审稿程序是这样的，作者投稿后编辑会先进行内审，看稿件是不是符合期刊的基本要求，如果这一阶段没通过的话，编辑会给出一个“desk reject”的决定，也就是直接拒稿。这种情况通常是因为论文的内容不属于这个期刊发表的内容，或者研究方法有重大错误，在这个阶段被拒稿的文章就不需要发给审稿人。如果文章通过了内审，稿件就会进入外审阶段，编辑会把稿件送交审稿人进行盲审。所谓盲审就是审稿人不知道作者是谁，作者也不知道审稿人是谁，审稿的时候文章里一切可以辨认出作者的信息都需要隐去。审稿人审稿之后会把决定以及详细的意见发回给编辑。很多时候不同的审稿人意见是完全不同的，编辑需要斟酌每个审稿人的意见，然后给出一个权衡之后的意见发给总编，总编再给出最终的决定。假如文章有两位审稿人，一位给了同意接受的决定，另一位给了拒绝接受的决定，那么编辑很有可能在权衡两个人的意见之后给出一个大修（major revision）的决定，有些期刊称为修订 / 重新提交（revise/resubmit）。

我接到过编辑直接拒稿（没有外审环节）的决定，也接到过外审之后大修的决定。根据我的经验，大修的工作量跟重写差不多，但是接到大修的决定对投稿人来说是一个非常好的消息。因为编辑给出大修的决定说明：第一，文章投对了期刊，文章的内容确实符合期刊发表内容的要求；第二，文章没有致命性缺陷（fatal flaws），比如研究方法上的重大错误。大修之后的文章会再送一轮外审，审稿人根据文章修改的情况给出新的决定和具体意见，整个审稿程序会再重新走一遍。我经历过大修一轮之后再次大修，两次大修之后又被拒稿的决定。如果说我完全没受打击也不实际，但这在投稿过程中是很正常的情况，如果不想放弃这篇稿子那就需要继续改，改完再尝试投其他期刊。

如果审稿人没有直接给出接受的决定，那么不论他们给出的是小修、大修或是拒绝，都会有非常详细的意见，十几条到几十条都有可能，编辑会整理好不同审稿人的意见一起发给作者。不管文章最终是否能成功发表，我都觉得编辑和审稿人的意见相当宝贵，他们会帮助你把文章改得更好。即使按照审稿人的意见修改之后依然没能达到发表的标准，那也比最初提交的版本好很多。自己改自己的文章，语言上的错误很容易发现，但是内容上的问题却不太容易看出来，毕竟自己认为自己的论述有逻辑才会写上去。但是审稿人和编辑可以从和作者不同的角度更全面地审视一篇文章的优缺点以及对行业的贡献。我在改自己论文的时候会受到思维定式的限制，尤其是在审稿人给出结构上大修的意见的时候，会不知道如何入手。我的做法是不在拿到审稿意见的时候立刻动手修改文章，而是先把审稿意见从头到尾看两遍，并将这些意见分类。在接下来的两到三天里，我会随时在脑子里回忆所有的审稿意见，随手查阅一些可能用得到的文献资料，然后在阅读的过程中记笔记，并且尝试在这些文献中发现新的灵感。

接到大修决定的时候我都是很开心的，我觉得只要不是拒稿就代表还有机会，能否把握住机会就要看自己修改的质量了。当然拒稿也不代表就没有机会了，作者还是可以继续向其他期刊投稿的。只要注意不要一稿多投，要在编辑给出拒稿的决定之后再投其他的期刊。在修改论文的时候，最重要的就是仔细阅读审稿人的每一条意见。编辑会要求作者在重新提交修改后的稿件的时候同时提交一封回复信给审稿人，具体内容就是作者是如何根据每一条审稿意见进行修改的，如果有的地方没按照审稿人的意见进行修改的话，作者需要解释原因。我在 2019 年“AERA”（American Educational Research Association）年会上参加过一个专门讲期刊发表的研讨会，其中一个期刊的主编特意给我们讲了如何对待审稿人给出的拒稿意见。首先，拒稿是一件非常正常的事情，没什么可觉得丢人的，作者不需要有任何心理压力；其次，审稿人给出的负面意见针对的是文章内容，而不是作者，所以不要看到负面意见就抵触或者不予理会。我收到过审稿人语气非常温和地提出意见，在讲写的不好的地方之前先夸写得好的地方；我也收到过审稿人非常直接地指出文章有哪些不足。但是不管措辞如何，审稿人的目的不是批评我或者针对我，他们花时间阅读我的论文还给我提出那么多条修改意见是在想办法帮助我把论文修改得更值得被发表。明确了这一点，就能在大修过程中放平心态，因为在这个过程中作者也许需要彻底打破文章原来的结构，很有可能必须再读十几甚至几十篇文献，付出的努力甚至可能超过了原版稿件的写作过程。这样就对了，这才说明第二次提交的文章比第一次的质量更高。

什么样的老师是成功的老师

“OISE”在录取每位学生的时候都会给学生分配一位指导老师（faculty advisor），指导老师和论文导师（thesis supervisor）职责不同，但是指导老师和论文导师可以是同一个人。学生对于自己所在的项目或者所选课程有问题的时候，可以联系指导老师寻求帮助。之前说过“M.Ed.”项目是不需要做“thesis”的，所以我没有论文导师。我的指导老师是杰夫·贝尔（Jeff Bale）教授，这是我“认识”的第一位我自己专业的教授。我报道的时间比较晚，OISE 要求必须看到学生的本科毕业证书和学位证书原件才能完成注册，公证书都不行，之后学生才能激活学生账号登录到学校系统选课。因为当年八月份的时候我还在带暑假班的课，我记得是 8 月 23 日我带完暑假班的最后一天课，8 月 24 日我飞到多伦多（到达多伦多的时候当地时间也是 8 月 24 日），到达之后的第二天我就到学校办理了各种入学手续，但是还需要等一到两个工作日学生账号才能激活，我才能开始选课。因为研究生的课大部分都有 25 个空位，少部分课只有 15 个空位，这样才能保证在老师能在课堂上有效地组织全班讨论或者分组讨论。但是等我拿到账号可以开始选课的时候发现很多课已经选满了。我当时问了系里负责学生注册的老师：我想选的课基本都满了应该怎么办。她给我的建议是发邮件联系一下我的指导老师，把 Jeff 的邮件写在一张浅黄色的即时贴上，贴在了我录取通知书的右上角。回到住处我就给 Jeff 发了邮件，Jeff 回复了一封标题为 *Welcome to OISE* 的邮件，他告诉我开学第一周我可以去听所有的课，包括那些在选课系统上已经显示选满的课。因为有些学生可能会在第一周之后觉得所选课程并不符合自己的研究方向而退课，那么如果这门课的教授同意，我就可以加入这门课。

可能有小伙伴发现，在上上节我称呼老师 Julie 在上一节我称呼老师 Allen 教授（老师的姓加教授），在这一节里我称呼老师 Jeff，我在多大的同学也都是用这样的方法称呼这三位老师的，这是为什么呢？我们在第一次和老师见面或者通过邮件联系的时候，是不会直接称呼老师的名字的，会称呼 Professor. 加老师的姓或者 Doctor. 加老师的姓。老师在

第一次上课做自我介绍的时候会跟大家说，称呼我名字就可以。比如 Jeff 在第一次上课的时候就跟我们说：“叫我 Jeff 就可以”，之后我们就都用名字称呼他了。Julie 也一样。Allen 教授其实也跟我们说可以直接用名字称呼他，但是因为教授比我爸还年长一些，直接称呼他的名字我心里实在过意不去，所以我和同学们都称呼他教授。在课堂之外谈到 Allen 教授的时候，我们都称呼他 Allen 爷爷，直到现在我们谈到教授的时候还是会说“咱爷爷”。其实 Allen 教授只是比我爸大一些，到不了爷爷的年龄，但是我在多大学习的时候，同学们基本上都比我小 10 岁，所以对他们来说，Allen 教授可能刚好是他们爷爷的年龄。

什么样的课程设计是有效的，为什么

Jeff 是一个特别受欢迎的教授，我在迎新期间听到了很多关于他课程的好评。大家都说他亲切和蔼，课也讲得特别有意思，所以我觉得我很幸运，能被他指导。我在 OISE 的第一个学期修了 Jeff 的二语教学法（*Second Language Teaching Methodology*）这门课，果真是名不虚传。站在一个学生的角度，我觉得他的课程设计、授课方式、作业反馈以及在课外时间对学生提供的帮助都完美到无可挑剔。

OISE 研究生上课的模式基本是课前先读完教授布置的阅读任务，可能是一些期刊的文章，也可能是书里的某些章节。然后上课的时候，学生通过老师讲解，课堂讨论或者其他形式的课堂活动加深对阅读材料的理解，并能在课后将学到的理论运用到自己的教学实践或者理论研究中去。每次我上完 Jeff 的课回到家总是有一种满载而归的喜悦感，特别发自内心。因为每节课之后我都觉得我对二语教学法的理解又更加深刻并且系统化了，就算有些内容在课前自己阅读的过程中不太明白，Jeff 在课上的讲解也总能让我感到醍醐灌顶，豁然开朗。

我们上课的时候 Jeff 建立了一个“Google”文档作课堂笔记（class notes），Jeff 和我们每一个上课的学生都有权限修改这个文档，这个文档经常作为我们课堂讨论的基地。比如当我们分组讨论的时候，每个组都把自己的讨论结果写到这个文档上，其他组看到后可以评论或者提问，课后还可以在文档上查到每节课讨论的内容，非常方便而且高效。我记得有一节课上的分组讨论，讨论的主题是比较三大类二语教学法（“以语言为中心”“以学生为中心”和“以学习为中心”这三大类教学法）在各种分类准则之下的异同，我们组分到的两项准则中的一项是“一语在二语教学中的角色”（the role of L2 learners' L1s）。课前我们都读了这门课的指定教材之一，Kumaravadivelu（2006）的 *Understanding*

Language Teaching: From Method to Postmethod 这本书。书里详细介绍了这几大类教学法的理论依据和课堂实践流程等内容。我们小组讨论之后认为，在以学习为中心（learning centered）的教学法中，学者们没有明确提出学习者的一语在二语学习过程中的作用。Jeff看到我们发布在“Google”文档上的讨论结果之后，先用评论功能提示我们再仔细考虑一下这个问题。看到我们再次讨论之后仍然坚持这个结论的时候，他在文档上修改了我们的答案：二语学习者的一语，是以学习为中心的教学法的基础，一语习得构成了二语以及其他外语学习的基础。在这节课之后，我重新阅读了书中关于以学习为中心的教学法的章节。这一次我注意到倡导此类教学法的专家，以克拉申（Krashen, 1985）为代表，认为成年人的二语习得过程与儿童发展一语能力的过程是相似的。这句话其实我在课前阅读的时候已经看到了，而且我还用荧光笔给这句话做了标记。但是我在小组讨论的时候并没有回忆起这句话，这其实就说明教材还没有完全读透。我认为自己读懂了那句话，其实我只读懂了这句话的每个字。但是因为书上没有明确地说这句话体现的是一语在二语教学中的角色，我就没有领悟到。而Jeff设计的课堂活动总能帮助我发现教材和期刊论文里我还没有读透的部分，不管是他在课堂上的纠正和解释，还是我课后的重读和复习，都让我把相关理论学得更扎实。扎实到什么程度呢？直到现在我写论文的时候如果想引用这本书中的某个观点，很容易就能翻到这个观点在哪一章的什么位置。

因为是关于教学法的课程，所以只讨论理论肯定是不够的，还需要有和教学实践有关的活动。在Jeff的课上我们分组进行了“microteach”的教学展示活动，首先每个组要在“Kumaravadivelu”（2003）的 *Beyond Methods: Macrostrategies for Language Teaching* 一书中选出组员们希望在教学活动中使用的一项“macrostrategy（宏观策略）”，这个“macrostrategy”里会包含多个“microstrategies”（微观策略）。接下来每个小组分别根据这些“microstrategies”来设计一个20分钟的课程，在上课演示的时候把其他组作为观众的同学们当成学生就可以了。在20分钟的课程展示之后，每个小组需要再进行20分钟左右的讲解，比如本组选择的“microstrategies”是如何在课程中体现的，在这部分讲解的过程中，需要带领全班同学一起讨论。

我们组选择的“macrostrategy”是“Integrating language skills”（Kumaravadivelu, 2003, pp. 225-238），“integrating”是整合、综合的意思，这个教学方法就是在一节课上将语言学习包括的听说读写能力、综合起来培养的意思。我们组对“integrating”的理解是各个维度的整合，可以是内容上的整合，也可以是教学活动中的整合，或者这两种整合结合起来（Oxford, 2001），用 Kumaravadivelu（2006）的话说，就是“to integrate language skills wherever possible”（p. 143，在任何可以将语言技能整合起来的地方把它们整合起来）。其实这种教学方法和现实生活中大家使用语言的方式高度一致，拿上网课来举例，我们听老师讲课的同时也在阅读课件上的内容，同时我们要参与课堂讨论发表自己的观点，发表观点的时候我们可以打开麦克风直接说，也可以在对话框里打字。所以把各项语言技能综合起来其实是一种很自然的运用语言的方式。

我们组设定的学生的英语水平是中级水平（intermediate level），课程的主题是 *Social Networking*。首先，我们组让“学生们”查看自己手机的电池使用情况来了解自己使用各个社交媒体软件的时间比例，以这个小活动作为热身引出本节课的主题。正式的课堂活动包括看视频记笔记，阅读材料并进行小组讨论，根据讨论内容写一篇小短文。我们在设计课程的时候考虑了材料的真实性（authenticity），也就是上文提过的“authentic materials”，这样的材料不是专门为二语学习者设计的简化语料，而是能体现出语言在真实生活中的使用，这样的材料也能帮助学生把课堂学习延伸到课外。在使用这些材料的时候，我们考虑了对学生英语水平的设定，然后把这个阶段的学生可能不熟悉的词汇、语法结构和一些专业术语都做了编辑。同时，因为课堂展示时间只有 20 分钟，所以我们也对视频和阅读材料的长度进行了控制。选择和编辑课程材料是课程设计中非常重要的一步，因为这个材料既要有趣，能激发学生的学习兴趣，又要对他们的语言发展以及学习和课程主题相关的知识有帮助。

在设计这个课程的过程中我们组遇到了一些困难，在课程展示之后的讨论环节，我们讲述了对于这些困难的思考，希望能给其他同学未来的课堂活动设计提供一些参考。首先我们觉得因为我们设计的教学活动较多，所以老师在授课过程中很容易“失去焦点”，也就是说老师会把更多精力放在关注教学活动的推进而忽略了学生的需求。其次，因为这是一次虚拟的教学，所以我们对学生的设定只考虑了语言水平，并没有考虑学生其他方面的背景，比如他们合适的学习方式，他们的知识储备（prior knowledge），这个知识不仅包括和英语这门语言相关的知识，也包括学生对其他领域知识的了解和掌握情况。这是因为我们这个课和社交媒体有关，如果有些学生熟练使用各种社交媒体软件，有些学生从来没接触过这方面的内容，那么他们在学习的过程中需要的帮助和支持就是不同的。还有一点也很重要，那就是学生对课程的感受（students' perceptions of the course）。课程设计其实是一项需要反复调整的工作，需要考虑学生对课程材料及活动的反应。因为这不是实际的教学实践，所以在这一点上我们的设计肯定有所欠缺。

这些宏观和微观策略是“Kumaravadivelu”针对一个“postmethod”时代（Kumaravadivelu于1994年首次提出这个概念）提出的。“Post-”在这里是“后”的意思，就像后印象派（post-impressionism）和后现代主义（postmodernism）里的“后”。Kumaravadivelu之所以提出“后”这个概念，是因为传统的“methods”有一些局限性。Kumaravadivelu指出，在语言教学领域存在着二元对立（dichotomy）的观点，比如理论和实践的二元对立，理论学家和教师之间的对立。二元对立的观点认为，理论学家就是负责创造和研究教学法的，而教师只是把这些现成的教学法应用在自己的课堂上。可是在真实的教学实践中，使用某一种教学法的老师，未必遵循和这种教学法有关的所有理论基础和课堂活动流程；使用不同教学法的老师们，有时候使用的却是相同的课堂活动流程。老师们在不同的教学环境下遇到的问题各不相同，某一种教学法其实无法解决教学实践中的所有问题。Kumaravadivelu提出“postmethod”这个概念，旨在鼓励从事一线教学工作的老师们根据自己学生的背景和学习目标来设计符合自己所处教学环境和学生特点的教学活动，这样的教学活动叫做“context specific teaching practice”。我自己对这一点深有体会，我教过很多1v1的课程，面对不同的学生，即使他们的学习目标和英语基础基本相同，但在设计教学材料和活动的时候也需要根据学生适应的学习方式和他们的认知能力进行适当调整。

像“microteach”这种以小组为单位的展示活动在大部分课上都有。我以前不喜欢小组合作这种形式，不管是小组一起写论文、做“presentation”或者什么其他项目。我当然知道合作的重要性，我也非常愿意和别人合作。在理想的合作中，每个人都能通过和小组成员讨论和合作达到互相学习，互相激发灵感的目的。在同样的时间内，以小组为单位做出的成果也应该比个人做出的成果更丰富更完善。但这种理想的合作是有前提的，需要所有组员积极主动地配合，有意愿付出时间和精力去合作。如果有组员不配合，随便应付一下，甚至连应付都懒得应付，只想等着别人把成果做出来然后一起拿个分数，那么像我这种努力干活的人就会觉得不公平，还不如每个人都独立完成一份作业。我倒也不是怕有人拖了小组的后腿拉低了作业的分数，我是觉得这样的作业形式太容易让不劳而获的人钻空子。不过在Jeff的课上做小组作业，我完全没有这个顾虑。他会从大家开始准备小组作业的时候就关注每个人的表现，直到展示完成。在准备的过程中，每一次我们找他问问题的细节他都记得。在小组作业做完之后，他会给每个组员一个公平的分数。他并不“penalize”（处罚）不努力工作的学生，但他会“reward”（奖励）努力工作的学生，我觉得任何一个学生都会被老师这样的做法感动吧。

上文提到的我曾经写的一篇比较三本公立初级中学英语教材教学法的论文，那篇论文就是Jeff的二语教学法这门课的结课论文。但是关于这个结课的作业Jeff给了我们五种选择，其实还有第六种选择，因为Jeff说如果有人想做这五种选择之外的作品来结课也可以找他商量。因为选这门课的学生除了有像我一样的“M.Ed.”的学生，也有“M.A.”的学生和博士生，所以Jeff也提供了做“Exploratory Practice”（探究性实践，简称EP，是从业者研究的一种）的选项，“thesis-based”学生可以通过做这个项目给自己将来写毕业论文做准备。除了二语教学法，我还选了Jeff的语言教师教育（*Language Teacher Education*）这门课。在这门课上，Jeff同样为结课论文提供了不同的选择，比如可以用叙事探究的方法分析自己或其他人接受语言教师教育的经历，或者根据课程学到的主要理论写一篇传统的学期论文，再或者设计一个语言教师的专业发展计划，亦或者针对语言教师教育的任何一个下属领域写一个研究计划（research proposal）。这样设计结课作业对学生来说是很有利的，因为学生可以选择自己真正擅长的，并且确实对于自己未来研究或者教学有帮助的选项。但是对老师来说，这样的设计是很麻烦的，因为除了作业要求，不同种类的作品评分标准也需要分开制定。在这种情况下，Jeff依然为我们提供了多个选项，目的就是让每个学生都最大限度地发挥自己的潜能，并且最大化地将自己学到的知识应用到教学实践或者研究中。

英语教师应该有个怎样的知识库

上文提到了Jeff的语言教师教育这门课。在这门课上，为了帮助我们把英语教师的知识库概念化，Jeff把整个课程分成了几个阶段。第一个阶段就是让我们每个学生从自己的经历出发，梳理自己成为语言教师的过程。为了帮助我们整理思路，Jeff特意给了一个提示问题“成为语言教师是你本来就设定的目标还是一种偶然”。因为同学们的经历有很大的差异性，首先大家教的科目是不同的语言，其次大家的工作环境不同（比如公立学校或私立学校，小学、中学或大学阶段）。最重要的是，大家成为语言教师的过程也截然不同：有的同学是科班出身，本科学习语言学，毕业后又经过正规的教师培训（特别是就业培训和教师资格证考试培训）才成为教师；有的同学本科学习语言学相关专业，但是在进入教学行业之前没有经过正规的教师培训。我的情况和他们都不一样，本科学的是和语言学完全不相关的专业，刚开始教雅思的时候我还没有经过正规的教师培训，但是在我进入 OISE 学习之前我已经获得了 TESOL 教师资格证和一个教育学硕士学位。从我自身的情况来看，在去英国读书之前，我从没想过要成为一名英语教师，我也根本不可能想到有一天我竟然会以教英语为职业。但是在我梳理我的英语教学经历的时候，又觉得这种偶然里暗含着一种注定。我的同学当中也有一些和我的经历比较相似，但是非英语专业出身且没有经过教师培训却从事英语教学行业的老师，但大多是因为自己英语学得非常好，像我这种走逆袭路线的确实比较少。

既然有的同学是先接受教师培训再开始教学实践，也就是从理论出发到实践；还有的同学是以自己学语言的经历为基础，从教学实践中不断摸索经验形成自己的教学体系，所以在我们每个人都梳理完自己的经历并且写成一段叙述性故事之后，Jeff 又给我们设计了一个新的任务，阅读其他同学的经历，然后根据每个人的经历提炼出大家共同认可的语言教师应该具备的知识库。我想不管是否接受过专门的语言教师教育，大家肯定也对于语言教师需要掌握什么样的知识有大概的想法。比如要掌握自己教的这门语言，同时还要掌握教学法，也就是说不是所有会讲中文的人都能教中文，也不是所有会讲英语的人都能教英语。

在读完其他同学的经历之后我发现所有同学最重视的一点就是语言教师首先要熟练掌握自己教的这门语言，不管这门语言是不是他们的母语。对于自己要教的这门语言即使未达到极致精通的程度，至少应该是使用起来得心应手的状态，我觉得这是成为语言教师无可辩驳的大前提。当然对于语言的掌握可以是源于语言学专业的学习，也可以是在学习这门语言的过程中逐渐掌握的。有些同学提到教师资格是成为教师的一项必要条件，在我刚开始教雅思的时候，教师资格证还不是一个必要条件。但是很多机构对老师所教的单项科目的分数有要求，这点我觉得非常好理解，比如我四级才考 60 多分，我去教别人怎么考四级，这也太没有说服力了。如果我想学雅思，目标 7 分，教我的老师自己才考 6.5 分，那不管别人怎么说这个老师会教课，我觉得我也很难信服。你要给我讲的方法在你自己身上都不适用，那你怎么保证在我身上适用呢？去环雅试讲雅思听力的时候我的雅思成绩已经过期了，所以试讲通过以后，主管老师就通知我去重新考雅思，在我提交了新的雅思成绩单并且确认我的听力单项是 8.5 分之后我才正式入职。另外，具有教学法和课程设计方面的知识也是成为语言教师的重要前提，这些知识同样可以来自于教师培训，也可以是源于在学生时代通过观察自己老师的教学方法来吸取的经验，或者源于自己教学过程中根据自己的经验进行的系统化梳理。我在西大读教育学之前，已经从事语言培训工作好几年了，我设计课程的时候考虑的就是什么样的学习方法对我有效，我就传授给学生，然后在教学过程中不断调整。

老师必须了解自己的学生，尤其是语言学习方面的背景。比如我的学生，在正式上课之前我会了解他们之前的英语学习经历，他们的词汇量和语法基础，他们其他科目的知识储备，他们语言考试的目标分数，他们的学习动机和积极性等很多方面。而且很多学生参加的是一对一的培训，那么课程设计更需要符合每个学生的需求。同样是做错了某一道题，不同的学生出错的原因可能各不相同，所以我很重视分析学生的作业，每一道错题我都会给出详细的反馈，为什么错，需要补充什么知识，下次遇到类似的题需要注意什么。老师也必须明确自己的教学目标，比如作为雅思托福教师，我的教学目标仅仅是让学生获得一个满意的雅思托福分数吗？虽然我的学生可能就跟我上几节课，有时候几周，长的话几个月，但我还是希望能在我的课上帮他们提前适应将来他们可能面对的各种生活中的实际问题，提前为将来的学术生活做好必要的知识储备。我更希望我能帮他们学会如何学习，培养终身学习的能力，然后让这种能力和良好的学习习惯伴随他们一生。

接下来 Jeff 给我们布置的任务是在学者的文章中总结他们认为语言教师应该具备什么样的知识库。我们阅读的文章研究背景不同，比如有的文章研究的是原住民语言教师教育，有的文章研究的是母语非英语的英语教师教育，但是这些文章就语言教师的知识库的论述还是非常一致的。学者们也认为语言教师必须精通他们教的这门语言，同时他们也提出语言教学不能在脱离环境的状态下进行，语言教师必须理解语言和语言教学的各个维度（historical, sociocultural and political dimensions）。语言教师应该通过综合使用各种测评教学的方法来了解学生的学习进度和他们的需求。学者们认为语言教师要善于发现学生的天赋并且在设计课程的时候考虑如何激发学生的天赋来促进语言学习的效果。语言教师需要认识到语言教育的理论、结构框架以及认识论基础都是在不断发展变化的，就好像上文提到过的从“methods”到“postmethods”时代，所以教师们也要吐故纳新、与时俱进（Francis et al., 2018; Johnson & Golombek, 2011; Reis, 2010）。

我在讨论同学及学者对于语言教师知识库的论述的时候，脑子里一直在想 Jeff 提出的两个问题：第一，教师资格证对于语言教师来说有多重要？第二，有没有一条最优化的培养语言教师的路？上文提到了在我到西大读书之前，尽管我的同事和学生都把我当老师看待，但我对自己的身份认同一直是“经验丰富的英语学习者”。在西大获得教育学硕士以及教师学院的“TESOL”资格证之后，我才开始认同自己“从业教师”这个身份。我是这样回答 Jeff 的第一个问题的：I do not think certification per se is an essential condition to become a language teacher. However, I do believe it is necessary for teachers to participate in professional development, to have a professional community supporting their growth, and to have access to expertise for guidance and mediation, scaffolding and facilitation. 简而言之，我觉得对语言教师来说，重要的不是资格证本身，而是接受专业教师培训的过程。我并不否认教学实践加自学理论也是一条能培养出优秀教师的途径，但是这样培养出优秀教师的难度要比参加专业教师培训项目培养出优秀教师的难度大很多，因为我们需要有专业知识的学者和前辈的支持和帮助。关于第二个问题，每个教师都是不同的，就像学生也不能都用同一个方法培养是一个道理，老师自然也不是用同样的方法培养出来的。教师培训项目可以包含帮助老师成功的重要元素，却不可能为每个老师单独设计一条最优化的路。但是对于每个教师个体来说，可能都存在一条最优化的路的，但这条路要靠自己找到并坚定地走下去。

好老师对学生的影响有多大

好的老师对学生的影响首先是在课堂之内，和课程内容相关。比如我选二语教学法这门课，在课程结束之后如果我把各种教学法的理论基础、如何应用和各自的特点都理解得非常清晰，也能自己使用恰当的教学法去设计课程和课堂活动，那这个老师肯定是个不错的老师。当然，一个好的老师对学生的影响绝不仅限于他的授课范围之内，好的老师对学生的影响会超越学科领域也会超越学生在校的时间，就像我南开的陈老师，还有 Jeff。Jeff 是一个特别亲切的人，大多数时候我见到他，他都是可爱地笑着，我印象中看到他非常严肃的样子就只有他坐在学生中间看台上的小组做“presentation”的时候。

语言教师教育这门课是网络授课形式，每周一 Jeff 会在学习平台上布置阅读和写作任务，叫做“weekly assignments”，交作业的截止日期是当周周日夜里 11 点 59 分。到下一个周一，他除了会布置新一周的任务之外，还会打完上周作业的分数，通过文字或视频的形式给每个学生反馈。除此之外，他还会录一个视频，总结上一周的重要知识点和大家作业中共同问题。我们一学期一共有 12 周，其中有 8 周需要交“weekly assignments”，我特意翻了一下我每周的作业，最少的 800 多字，最多的 1600 多字。其他不需要交周作业的时候：第 4 周交了一篇 2500 多字的小论文；第 10 和 11 周是小组合作的项目，分析一个教师培训的架构，我负责的部分写了 2000 多字，我们小组有五个人。第 12 周结课后交了一篇 4400 多字的结课论文。对于我们每次交的作业，Jeff 给予了有针对性的反馈。每次看他的反馈我都觉得他非常认真地阅读了我写的文章，他会肯定我对某些问题的看法，也会质疑我对某些问题的论述。Jeff 不止有我一个学生，他的这门课有 25 个学生；他不止有这一门课，他还要教其他项目的学生；他不仅要给学生上课，他还有科研任务。这样布置作业、批改作业并给每个学生提供个性化反馈是极其耗费精力的，作为学生我非常感激老师愿意为我们付出这么多。

选语言教师教育这门课的这个学期我一共有三门课，另外两门的上课时间是在周一和周三。学期中间有一段时间我妈来多伦多看我，我俩就商量着找几天没课的时间出去玩。所以就在十月的某一周，我俩去纽约玩了四天，周四早上出发周日晚上回到多伦多。在那周的周一到周三，我先把另外两门课需要阅读的材料读完，然后梳理出 Jeff 布置的本周作业的思路，并把规定的阅读材料和我自己在写作业的时候可能需要的参考资料都打印出来。周四一早，我就带着所有打印出的论文和我记笔记的条格本出发了。我之前去过纽约，所以这次主要是为了陪我妈玩，我们参观了联合国、中央车站、纽约公共图书馆、时代广场、洛克菲勒中心、归零地、三一教堂、华尔街、五大道、百老汇、自由女神、中央公园、大都会博物馆，每天都走超过两万步。玩得很开心，拍了很多照片，更重要的是所有需要读的论文我都读完了，并且手写出了那一周作业的草稿。周日晚上回到多伦多之后我用电脑把这篇作业打在“word”文档里，核对无误在系统里提交的时候是晚上 11 点。你们猜我是在哪完成的阅读和写作？机场和酒店肯定是没跑的，而且我每天背着双肩包出门，包里除了放着水杯、充电宝、纸巾之外还放着论文和条格本。在我妈参观纽约公共图书馆的时候，我就找个座位坐下来读论文；在大都会博物馆我妈走进每一个展厅拍照的时候，我就坐在展厅门口读论文；在洛克菲勒中心等天黑亮灯的时候，我也坐在楼顶的观景台读论文。Jeff 这样的老师有一种魔力，他让我觉得如果我随便应付这周的作业，那我就损失大了。

还有一件课外发生的事情让我印象很深刻。OISE 经常会举办学术会议和研讨会之类的学术活动，有一次我们系举办“Research Gala”，Jeff 是这次活动的主要负责人。我和我的朋友谢老师一起去做志愿者，主要负责布置会场，帮演讲者贴好学术海报，给参会者分发胸牌之类的任务。志愿者都是 OISE 的学生，一共十几个人。在致开幕词的时候，Jeff 特别感谢了所有者愿者为这次活动的顺利开展付出的努力，还念了我们每个志愿者的名字。我忽然想起来，在活动正式开始之前，Jeff 就在和一些志愿者确认他们名字的读音，因为我和谢老师都是 Jeff 的学生，所以他知道我们的名字，不需要和我们确认。这件事对 Jeff 来说可能就是一件微不足道的小事，但正是这些小事和细节让我时刻感受到他对每位学生的尊重。

想成为一个成功的语言教师应该具备哪些知识和素养，这是我在语言教师教育这门课上从头到尾都在思考的问题，也是我从业至今一直在思考的问题。我当学生的时候，能清楚地感受到我的老师们是否在乎每一节课的内容，是否在乎他们的学生。所以我相信我的学生也一样，只要我用心对待他们，他们一定感受的到。如果未来我继续当老师，我希望能像 Jeff 一样在每一节课结束之后都让学生真真切切地感受到收获，让学生知道在任何他们需要我帮助的时候，我都会竭尽所能。如果有一天我离开教育行业，不再继续从事英语教学工作，那么我也希望能像 Jeff 一样，做一个智慧、温柔、亲切、坚定、对工作认真细致、一丝不苟的人。

终身学习：学术即生活

看过我之前的经历，你就会理解为什么我坚定不移地支持“终身学习”。

不仅仅是学英语，学习任何自己喜欢或者感兴趣的专业，都可以让研究伴随自己终生。

我一直都觉得学术应该是每个人生活中很重要的一部分，只是属于每个人的学术领域都不太一样罢了。我无法像余秋雨先生一样把学术一词阐述得如此准确，所以在这里就直接引用先生为《余秋雨学术六卷》作的总序中的一段话：

“我只能说，学术，这是一群奇怪的人所做的奇怪的事，做得专注、沉闷、漫长。远离身边实利，远离流行热点，远离通俗话语，既缺少表情，又缺少色彩，更缺少社会关注。但他们相信，自己是在寻找种种事物的来龙去脉、前因后果、高低美丑。如果找出，就有可能贯通时空，推进文明，教育后代。

对此，我还要做一个特别的补充。

我认为，学术研究的最大意义，是研究者本人的自身建设。学术，只有学术，才有可能使我们的人生更理性、更宏观、更周密、更深入、更清晰。

其实，除了研究者之外，对学术著作的阅读者来说，也是这样。

因此，不管周边的世界多么诱人，自己的生命多么强劲，都应该静下心来接触一点学术，哪怕是一段时间也好。否则，我们很可能在潇洒喜乐间，失去重量，失去根基，失去制衡。

学术，是人生长途中的‘必要枯燥’[①]。

我在准备读第二个硕士的时候身边经常有人跟我说没必要，我在读第三个硕士的时候更多的人表示不理解。很多人可能真的是出于对我的关心，怕我把本可以用来赚钱的时间“浪费”在读书上。对于“浪费时间”这件事我家的长辈持这样的观点：只要我享受这段读书的生活，不管是因为学到知识，还是因为开阔眼界，亦或是认识了有趣的人，都算是莫大的收获。只要有收获，那就无论如何也不能叫做浪费时间。如果这段时间我做着一份不喜欢的工作，每天机械地重复枯燥的生活，既没享受到生活的乐趣，也没在工作中提高自己的知识水平和技能，那才叫真正的浪费时间。当然，这样的价值观的形成和家庭背景、教育经历、生活经验都有关。我也并不是说这样的价值观是绝对正确的，我从来也不说服别人接受这样的价值观，不过家长对待学习的态度绝对会影响到下一代。在我家里，读不止一个硕士不是什么新鲜事，我堂弟，也就是我三叔的儿子也读了不止一个硕士，目前他的最终学历是耶鲁大学的工商管理硕士（MBA）。我说“目前”的意思就是我们家的孩子随时都有再回到学校读书的可能性，因为在工作的过程中可能会发现自己的不足，或者发现新的感兴趣的领域，那么想回到学校系统化地学习是很自然的事。

当然我也必须承认我申请第三个硕士的时候确实有一部分原因是我没有申到博士，但是我又不想中断学术研究。我在上文提到了研究课堂教学活动的时候需要通过道德伦理审查委员会的批准，才能在研究过程中观察课堂活动，和学生以及其他老师交流，并且查阅学生的作业或者考试情况，再把研究结果写成论文向期刊投稿或者在学术会议上展示。当我不在大学里学习的时候，我能做的研究非常有限。我只能做理论性的文献综述或者概念性研究（conceptual research），或者对我自己的教学活动进行反思。但是我觉得研究学生的学习过程和老师的教学过程都非常重要，而且将这些研究的结果和其他教育工作者分享、探讨也很有必要。在多大学习期间，我找到了一个我未来研究的大方向：用叙事探究（narrative inquiry）和自传式叙事探究（autobiographical narrative inquiry）的方法来研究语言教师发展。

确定一个具体的研究方向不是一件容易的事，从事英语教学工作超过十年，我对语言教育领域的很多方面都感兴趣。随着教学经验不断增加，我开始有培训新老师的机会，而且我自己完成的两个教育学硕士项目和一个教师资格培训项目都让我越来越认识到教师培

① 参考资料 http://www.awpub.com/news_info.asp?nid=512

训的重要性。Jeff 的语言教师教育这门课为我研究这个方向提供了理论基础，那么研究方法的灵感是来源于哪里呢？我在多大还修过一门课 *Biography in Educational Contexts*，在这门课上我了解到每个人叙述的故事、他们的日记、照片、视频都可以成为实证研究的数据来源；并且“narratives”也是一种培养和发展教师身份认同的时候经常使用的方法。因为现在无法获得伦理审查委员会的道德批准，我不能邀请学生和其他老师作为我的研究对象，那么我的研究对象就只能是自己。我先作为被研究者把我自己教学和完成教育学硕士的经历写成故事，然后再以研究者的身份分析我写的故事，从中得到一些语言教师教育方面的灵感。而写故事这件事刚好用得上我在 Allen 教授的课上学到的写作方法。

陈向明教授在《质的研究方法与社会科学研究》一书中谈到研究者研究的问题应该是“有意义的问题”，因为“有意义的问题”比“没有意义的问题”更能使研究者保持对研究的兴趣。只有研究者对自己研究的领域有长久的兴趣，这项研究才能持续进行下去。而找到这个自己真正感兴趣的，且能长时间保持兴趣的问题需要研究者反复自省，以及对自己极度坦诚。我在申请博士找导师的过程中发现，我和各位老师的研究方向都不是完全一致，有的老师和我研究的大方向一致，但是具体的研究对象和研究环境还是不同。我就问我的老师，如果我尽量把自己的研究方向改成和想申请的导师完全一致，是不是能增加被录取的概率。我的老师说，千万不要这么做，因为那是你的研究，如果你不是真的了解这个领域，不是真的发自内心对这个研究问题感兴趣，那么就算你被录取了，未来也有可能没办法把这个研究做下去。我觉得这和陈向明教授的观点完全一致，科研工作本身有枯燥的一面，科研工作对于研究者时间和精力的投入要求非常高，而那些“含辛茹苦但却乐此不疲”的研究者一定是发自内心地热爱这项工作。

我身边的同学、朋友很多都已经完成了博士阶段的学习并获得了学位，我非常羡慕他们。我并不是羡慕学位本身，而是羡慕他们有专业的科研经历，我想读博是因为我也希望有这样一段经历，希望我的研究成果能对语言教师教育这个领域贡献一点我的智慧。虽然博士申请这事还没成功，但我也没气馁，学术研究这类活动虽然听上去有点高深，好像是只能由学者或者专家从事的职业，但其实这件事是一直融入在日常生活中的。诺贝尔生理学或医学奖获得者阿尔伯特·圣捷尔吉（Albert Szent-Gyorgyi）是这样定义科研工作的——“Research is to see what everybody else has seen, and to think what nobody else has thought”（科研即是见人之所见，想人之未想）。在多大毕业之后我依然每天阅读和语言教育相关的文献，定期写论文和参加学术会议。但是作为一个普通的英语教师，我觉得学术不仅包括上述那些听起来就属于学术活动的活动。平时在课堂上观察学生做题时犯的错误，分析错误原因并寻求解决办法，也是我“学术生活”的重要组成部分。有的时候我发现自己在做题的过程中犯了一个错误，我也会研究一下是什么原因导致的；我写文章的时候发现某个词不会写，就会查字典研究一下这个词和相关的同义词；如果我读论文的时候发现某个词不认识，就会联系上下文研究一下这个词在特定语境中的用法。这些所谓的“研究”，其实就是学习，就是我的日常生活。

挑战不擅长的事

对于“不是必须”做的事，每个人都有选择挑战和回避的权利，我也并不是说生活里处处都要迎难而上。但是挑战有挑战的乐趣，很多时候不是要做的事有多困难，困难的是直面内心的恐惧和抵触情绪。战胜自己内心的恐惧，找到科学的方法去完成看似艰难的任务，会获得前所未有的成就感。也许努力之后，不擅长的事依然是不擅长，但是至少我们可以清楚问题出在哪，不让这种“不擅长”影响我们完成其他工作，这又是另一种乐趣。可能因为“越难越开”的精神力量一直伴随着我，所以回避不是我在面对困难的时候的天然选择。很多事情都是这样，你越怕它，它就越难；你躲着它，它也会一直在那，但是如果你想办法去战胜它，它可能就没那么难了。

一千个读者眼中有一千个哈姆雷特

莎士比亚戏剧是北美高中的必修课，我在给加拿大高中生做课外辅导的时候发现这些小留学生一提莎士比亚就有畏难的情绪，觉得自己连故事情节都读不懂，更别提进行深入分析了。我非常理解这种发自内心拒绝的情绪，以前我觉得英语特别难学，好像花了很多时间付出了很多努力，但是考试成绩并没有进步，实际应用能力也没有提高，我也越来越不愿意上英语课了。后来我做了反思，其实很多时候这种畏难的情绪会影响我理性地去判断为什么我觉得这件事困难，到底是什么阻碍了我进步，我应该从哪些方面努力才能有针对性地解决问题。所以当学生告诉我他们觉得读莎士比亚的戏剧很困难的时候，我会先带他们找到这些困难背后的根源。而且我会跟学生坦诚：我也觉得莎士比亚的戏剧很难，这种殿堂级的作品我不敢说是在“教”学生，我是和他们一起学习，一起探讨。我分享我的理解，学生提出不同的见解，我们一起讨论。

读原版的莎士比亚最直观的困难就是四百多年前的英语和我们现在使用的英语在词汇和语法上都有很多区别。而且莎士比亚戏剧的韵律是五音步抑扬格（iambic pentameter），不符合我们常规的语言习惯。再加上剧本本身其实是用来指导演员演出的，但是读剧本和我们看舞台上的演员表演完全不同，我们需要一边读一边脑补很多东西。比如剧作家会在剧本里写谁上台了，谁下台了，但是学生往往不关注这些提示，只注重看台词的部分。剧本里的“Enter”谁谁谁，“Exeunt（下场）”谁谁谁，很多学生在读剧本的时候根本不在意。有一次我在给学生上课的时候忽然提问：“现在舞台上有几个人？”学生当时就懵了：“舞台上？”我说咱现在读的是剧本啊，那咱们脑子里就要有一个舞台，谁走上台了，谁走下台了，台上现在几个人，咱要像看话剧一样想得清楚才行啊。而且莎翁又特别擅长五花八门的修辞和引经据典，对于高中生而言，确实容易在刚接触到莎翁戏剧的时候感到恐惧和抵触。

在课程开始的时候我会先跟学生说，不能指望读一遍就什么都懂了。就算是中文的名著，我们没有词汇语法上的困难，难道我们敢说读一遍就能领会精髓吗？经典如莎士比亚，一定是值得反复阅读和推敲的。在第一遍带学生阅读的时候我们只把精力放在情节和人物上，在了解了人物和故事情节之后我们会再一次研读并注意修辞的使用。在讲完每一幕的情节之后，下一次课我会先用一点时间对上一幕的内容进行回顾，同时分析上一幕里修辞手法（literary devices）的使用。因为学生已经了解故事情节，加上讲修辞的时候我会举具体的例子，都是前一节课我们一读过的，所以对修辞手法的理解就没那么困难了，而且印象也会比较深刻。

比如我在给学生讲《哈姆雷特（*Hamlet*）》的时候，第一幕（共五场）的故事情节和人物分析我会安排四次课来讲，在开始讲第二幕之前，我会简要回顾第一幕的内容，然后举例说明一些明喻（simile）、暗喻（metaphor）和双关语（pun）的使用方法。我个人很喜欢双关语这种写作手法，尤其是谐音双关（paronomasia），这种修辞手法让文字充满幽默感，又能体现讽刺意味（以下引文均按照 *No Fear Shakespeare* 系列丛书 *Hamlet* 2003 年版本标注）。比如在第一幕第二场 Claudius 问 Hamlet 为什么他看起来愁云惨淡的时候（Claudius: “How is it that the clouds still hang on you?” I, ii, 66），Hamlet 回答：没有没有，我接受的阳光太多了（Hamlet: “Not so, my lord. I am too much i’ the sun.” I, ii, 67）。这里“sun”（太阳）和“son”（儿子）发音相同，Hamlet 认为“too much”的不是“sun”，而是“son”，因为 Claudius 在说这句话之前提到原本是他侄子的 Hamlet，现在是他的儿子了。Hamlet 当然是满心不乐意了，表面上在说阳光，其实是想说不想当 Claudius 的儿子。还有在 Hamlet 装疯之后，Polonius 来试探他，问他知不知道自己是谁。Hamlet 说我知道啊，你是“fishmonger”（鱼贩子）啊。Hamlet 看似是胡言乱语，其实“fishmonger”在这也是双关，就是我知道你是过来钓（试探）我的。

莎士比亚戏剧中的暗示（allusion）这种修辞法也是我很喜欢的，它的意思其实就是引经据典，但是这种引用和我们写论文时候的引用不一样，“经”和“典”是融合在作者的语言中的，不需要特意标明来源。通过读戏剧中的某些台词可以了解到很多历史知识和神话人物，但是真的要耐心地去查资料。我自己的感受是虽然花了很多时间，但是收获也很大。比如 Hamlet 在第一幕第二场独白的时候谈到他父亲和他叔父的比较：“So excellent a king, that was to this/ Hyperion to a Satyr” (I, ii, 139-140). 其实我就算不知道 Hyperion 和 Satyr 这两个人物，我也能根据哈姆雷特父亲和叔父的特点猜出来 Hyperion 是个具有雄才大略并且震古烁今之人，而 Satyr 肯定是个阴险狡诈、处心积虑、厚颜无耻之人。我之前对希腊、罗马神话了解都不算多，只有在托福备课的时候查过一些资料。在希腊神话中，Hyperion 是泰坦（Titan）神族的一员，Gaia（盖亚，希腊神话中的大地女神）和 Uranus（代表天空的神，也是天王星的意思）的孩子。同时，Hyperion 又是太阳神 Helios、月亮女神 Selene 和黎明女神 Eos 的父亲。说实话 Hyperion 的父母和孩子我还更熟悉一些，熟悉托福考试的人可能都知道天文学在托福听力阅读中的重要性，和太阳系相关的知识点是很容易出题的，比如日心说（the Heliocentric theory），就作为考点出现过。通过 Hyperion 所在的这个大家庭我们也能推断出他是一位和“光明”联系在一起的神，Hamlet 用 Hyperion 类比他父亲也体现出老国王在儿子心目中无可替代的位置。再来看看 Satyr，是半人半兽的精灵，热衷于饮酒作乐。Hamlet 用 Satyr 类比他叔叔 Claudius 也让读者感受到了他对 Claudius 发自内心深处的憎恶。

有学生问我原版的莎士比亚读不懂，读中文版的行不行。如果是从了解故事情节的角度讲，当然没问题。但是了解内容之后应该再读一下原版，至少也要读一下现代英语的版本。因为像谐音双关这种手法，在中文版里需要通过脚注来标明，正文内容在翻译的时候还是要考虑流畅性，所以不如读英文版本更能领略莎士比亚对文字处理的精妙之处。我一开始读原版的时候也觉得很难，然后我选择了现代英语版本，读完现代英语版本之后再回头读原版，很多词汇和语法的问题就不会构成障碍了。针对中学阶段的学生，如果想读英文版的莎士比亚戏剧，我推荐 *No Fear Shakespeare* 这套书，这套书包含一系列莎士比亚戏剧，每部一本。打开书之后，左边那页是原版，右边那页是对应的现代英语版本，可以对照着读。先读现代版，再读原版也可以；先读原版，读到不懂的地方看一下对应的现代版也可以。我给学生上课的时候使用的就是这套丛书。曾经的我绝对想不到有一天我能读懂原版的莎士比亚戏剧，可是现在想想，如果我从一开始就回避了我不擅长的事，现在的我就失去了欣赏这么伟大的艺术作品的机会，那不是很可惜吗。

我不想做“presentation”，我只想静静地写论文

如果说读莎士比亚戏剧是高中学生普遍觉得困难的任务，那么对我来说，更困难的是课堂讨论和做“presentation”。英国的商学院研究生课程包括大课（lectures）、研讨会（seminars）和辅导课（tutorials）。我没在加拿大读过商学院，但是教育学院的上课方式整体就像一个研讨会，每门课人数在 15 ~ 25 人之间，有时候教授也会像讲大课一样主导一部分课堂时间。课堂讨论对我来说难点不在于观点的形成而在于语言的组织，当母语为英语和口语非常好的留学生同学们讲完自己的观点之后，我还没组织好自己的语言，可是我又不愿意在没有组织好语言的情况下直接把观点说出来。我通常觉得自己的观点都挺好的，有建设性，所以总是希望能通过完美的语言把我的观点分享给别人。而当我好不容易组织好语言之后，大家已经开始讨论下一个问题了，所以我经常错过把观点分享给别人的机会。

毫不夸张地说，我曾经是一个宁可写十篇论文也不愿意做一个“presentation”的人。我由衷地希望每门课都只有写的作业，没有做“presentation”的作业。其实做“presentation”本来应该是一件愉快的事，这是一个把自己的研究成果分享给别人并且收到别人反馈的过程。“Presentation”虽然是口头报告的形式，但是语言的使用并不能像平时聊天一样随意，也不能过于书面化。同时观点也要有逻辑，不能想起一句说一句，还要注意表达得流利，不能磕磕绊绊。我做“presentation”的时候不是在讲，而是在背，有时候还忘词，说出来的英语很不自然。看着别的同学站在教室前面侃侃而谈，我是发自内心的羡慕。尤其是有的同学既不看电脑屏幕也不用手稿，就拿个翻页器站在大屏幕前面，讲到该翻页的地方就背对着屏幕按翻页器，简直太帅！我也特别想达到这种境界。其实让我用中文讲我是没问题的，所以我觉得障碍主要还是在语言方面。

想回避做“presentation”其实不难，尤其我已经毕业离开校园了，已经很少有必须做“presentation”的场合了。但是按照我“越难越开”的性格，肯定是要想办法提高自己做“presentation”的能力的。我在多大的时候参加过研究生学术中心提供的关于如何做“presentation”的培训课。大学的学术中心一般都会提供这类“non-credit”（非学分）课程，像“presentation”技巧，学术写作，还有一些和具体课程内容有关的培训课。我在这门培训课上学到了很多实用的技巧，简单地举几个小例子，我积累了一些指示词（signposting），为什么先说这个呢，主要是因为简单易行，而且能让听众立刻跟上我的思路。指示词通常都比较简单，而且可以归类，比如我说完了一个论点，准备提出另一个论点的时候，我可以说“So far we’ve looked at…; now let’s move on to look at…”；比如在总结已经提出的论点之前可以说一句“Let me review with you the major points I’ve just discussed”。老师也教了怎样做幻灯片既能涵盖必要的内容又不至于让观众把注意力完全集中到幻灯片上而忽略了演示者；老师还教了“presentation”应该如何设计内容的导入部分才能激发观众的兴趣。在我开始做少儿课程开发工作之后，我有点爱上幻灯片制作了。以前我做学术“presentation”的时候幻灯片都比较单调，一般就是选个自带的模板，然后把要讲内容的要点打在幻灯片上。但是在学习了“multiliteracies”，又做了课程设计的工作之后，我开始往学术“presentation”幻灯片里加入各种小动画，效果也很好。

我们还在课上做了很多有趣的练习，我记得有一个特别好玩的练习是老师准备了很多套幻灯片，每套幻灯片有一个标题，内容页里全是图片。每一套幻灯片分别对应不同的号码，我们每人抽一个号码，抽到哪套就站到台上讲哪套幻灯片。在我们站上台之前并不知道自己要讲的这套幻灯片是什么内容，老师说开始之后我们才会看到封面页上的标题。这么听着好像是个很正常的练习，为什么说特别好玩呢，因为老师在做这些幻灯片的时候并不一定按照正常的逻辑，有时候上一张图和下一张图一点关系都没有。而且我们讲的时候是不能使用演示者视图的，也就是说翻到下一页的时候才能知道下一页的图片是什么。而且我们老师给每一页都设置了定时功能，我忘了是多少秒，到时间之后幻灯片会自动跳到下一页。我当时抽到的题目是旅游，这个题目还是比较容易讲的。我现在也记不住所有的图片了，我就讲讲我印象比较深的。我记得有一张图是很多人在路上骑自行车，我就说我们旅游的时候会选择自行车作为交通工具，既环保又能健身，还能沿路欣赏风景。接下来的图是一辆 SUV 行驶在山路上，我就说如果我们的旅游目的地比较远，那骑车就到不了了，所以要选择汽车或者其他交通工具。后来有一张图是山水风景，我就说我自己旅游的时候最喜欢看的就是自然风光。紧接着下一张图就是一只正在咧嘴笑的卡通大鲨鱼，我赶紧说，但是呢，有时候天气不好，我就去参观一些室内景点，比如娱乐性与教育性兼备的水族馆，底下同学都笑了。我觉得那节课的练习让我战胜了一些做“presentation”的心理障碍，因为我好像找到了一种既紧张又放松的状态，我觉得这样的状态是最适合做“presentation”的状态。

那么在这个“presentation”技巧培训课结束之后，我完全克服了做“presentation”的心理障碍了么？当然没有，我需要在做“presentation”的过程中去不断内化我学到的技巧。学校里有的是机会锻炼自己做“presentation”的能力，大部分课程都会有一项“presentation”的作业。另外，OISE 每年会举办一次研究生学术会议（research conference），征稿阶段我会提交我论文的摘要，给自己创造在会议上做“presentation”的机会。除了学校里的活动以外，像“AERA”和“TESL Ontario”也都有自己的年会。只要投稿被选中，就可以在这样的会议上做“presentation”讲自己的研究。如果没有投稿，也一样可以报名参加这些会议，向同行业的研究者和从业者们学习。这些学术会议如果我自己不找机会参加，也不会有人强迫我。但是不去参加会议，不去做“presentation”，就少了很多和同行交流的机会，也少了很多把自己的研究成果展示给别人的机会。我到现在其实也没有完全克服做“presentation”的心理障碍，但是谈到这件事的时候，我内心已经不拒绝了。虽然依然担心自己的语言组织不够完美，但是只要有机会，我愿意把我的研究成果展示给大家。

迈过雅思写作这个坎儿

我原来觉得最影响写作成绩的是词汇和语法这两方面，很多考生可能也是这样想的。比如我曾经在写雅思小作文的时候，把图表上或者题目中的某一个关键词从头用到尾。因为我不知道这个词能用什么来替代，怕万一自己做了同义替换反而用错了，还不如就照着题目里给出的那个词用。语法方面我跟有些考生一样，认为自己写的句子越长越有机会在语法这一项拿高分。先不说这样想对不对吧，咱先说说写作里的另外两项评分标准：连贯性与衔接（*coherence and cohesion*，CC）和任务完成度（*task achievement*，TA）。这两项是很多考生，包括曾经的我的重点丢分项。但是我原来并不重视这两项评分标准，我执着地认为写作分数不理想是因为词汇（*lexical resources*，LR）和语法（*grammatical range and accuracy*，GRA）的问题造成的。我不重视CC和TA是因为觉得这两项要求完成起来相对简单，但是词汇和语法我知道自己就是有所欠缺。之前写作考5分的时候，我觉得自己词汇语法两项只有4，CC和TA两项能有6。后来我在写作这项考过5.5、6.0、6.5，每一次我都觉得自己词汇语法分低，CC和TA分高。在我认识到其实我的写作是CC和TA在拉分之后，我马上做了调整，在接下来的那次考试，写作就到7.0了。我也不能说所有的考生写作分数不理想都是因为CC和TA拉分，但是就我接触到的学生来看，大家基本上都低估了自己的词汇和语法水平，又高估了自己在CC和TA方面的完成度。我也不是说词汇和语法不重要，如果CC和TA完成度很高，但是词汇和语法全是错，那平均下来分还是高不了。

我把写作从5提高到7用了很多年。英语学霸看到这里可能会想“写作7分也算不上高啊”，确实不算高。但是大家不要忘了我曾经的英语水平。雅思的听说读写这四个科目里我最后逆袭的是写作，所有分数档——5、5.5、6.0、6.5我一个都没落下。而且分数还不是最大的问题，我觉得最大的问题是我每次在考场上都觉得自己写得很不错，但是一拿到成绩就傻眼。虽然后来我也不需要拿着雅思成绩去申请学校了，但是本着短板越少越好的原则，我还是对雅思写作成绩不理想这件事做了反思。首先，我的学术论文写得还不错，但是对于学术论文来说，观点、创意和对理论的理解与应用都很重要，我觉得我的论文成绩好主要是因为我对读过的文献理解得比较深刻，再加上有很多年的教学经验，善于把理论和实际结合起来。而且写论文是可以反复修改的，我确实在每一次的修改中都能检查出一些错误。我的论文从写完第一稿到最终交给老师，中间会反复修改很多次。重要的论文，比如上文提到的“capstone project”，我还会请专业的编辑进行校对（proofreading），所以论文得分高应该也在情理之中。

反观雅思写作，考试的时候基本没时间修改，我手写的速度比较慢，很多次考试都是刚写完就该交卷了，偶尔能在交卷前快速浏览一遍，那就算写得很快了。所以可能在雅思作文里有一点词汇或者语法的错误，但我觉得应该不严重。另外就是我觉得我肯定有拼写错误，因为平时写文章都是用电脑，如果拼错了，文档会自动更正或者划线提示。手写单词对我来说是个难点，上文提到过我容易混淆形近的单词，所以拼写的时候可能会差一两个字母。虽然我觉得就算单词拼错，考官也能看出来我想写什么，不会影响到意思的表达，但分数方面肯定会有影响。从话题上来说，雅思写作大作文考的都是一些通用话题（universal topics），就是说不管大家的教育背景是什么，都能讨论出一些观点的话题，比如教育、科技、媒体、环境等社会话题。我有很长一段时间都在教听力和阅读，去考试的时候没有特别准备过写作的话题，考场上想到什么观点就论述什么观点，可能论述的逻辑不是那么连贯。有时候一个观点写着写着没词了，我就换个角度继续写。但是我觉得就算我的作文写得不是那么优秀，也不至于连 7.0 都得不到吧，但还真就得不到。

为了逆袭雅思写作部分，我先分析了一系列剑桥雅思真题里的样本文章和考官范文，我觉得我得先能看出来为什么有的样本得了 5 分，有的得了 6 分，为什么考官范文是 8 ~ 9 分，然后才能自己写出高分的作文。如果看别人的文章分辨不出优缺点，那自己写起来恐怕也会出现别人犯过的错误，并且无法有意识地学习别人写得好的地方。在分析别人写的文章的时候我是对照评分标准逐条进行的,这个过程让我对于评分标准有了更清晰的认识。在对照评分标准的时候，我的主要关注：在 TA 方面，考生有没有回答题目中的问题，是不是进紧扣题目，有没有跑题；在 CC 方面，考生文章的结构安排是否合理，论述是否充分并且符合逻辑；以及 LR 和 GRA 使用是否准确且多样化。这个评分标准看起来很简单，但是每一项标准要做到什么程度才能得到相应的分数，还是值得仔细推敲的。

我原来比较重视词汇和语法这两项评分标准，是因为我觉得我这两方面的能力比较薄弱，所以我曾经执迷于使用看起来“高级”的华丽辞藻和两行都写不完的长句子。但是问题在于，我其实定义不了什么叫“高级”的词汇。以前我觉得单词越长越高级，因为我记不住。但我不重视词汇使用的多样性，经常逮着一个词从头用到尾，很少使用同义转换。比如以前我在写乡村城市问题的时候，学了个词叫“metropolis”，我觉得这个词看着比“city”难，我就逮哪用哪，一篇作文从头到尾都是“metropolis”。后来我看别人作文里用“urban areas”也挺恰当的，urban 这个词也不难，听力里考到填空的话我也会拼，但是写作的时候我满脑子就只有“metropolis”，因为我就想找一个翻译为“城市”的名词来替换“city”。而且我特别容易被题目里的词限制住，比如题目里说要讨论和“imported goods”（进口货物）有关的话题，我就满脑子都是“imported”和“goods”，什么“overseas merchandise”“foreign commodities”完全想不起来。后来我的英语能力慢慢好起来了，感觉词汇和语法部分没什么大问题，至少也应该有 7 分的水准了，但是再去考试写作还是只能拿到 6.5。这时候我才开始重视 TA 和 CC 这两项评分标准，而且发现在我论述逻辑混乱的时候，任务完成度也受到影响，一下就扣了两项评分标准的分。我原来写作文的时候不列提纲，看了题目之后就开始动笔，想起哪个观点就先写上。我觉得考试时间特别紧张，写之前先花几分钟去列观点，组织结构太浪费时间。但是后来我开始尝试先列提纲再写正文之后，觉得不但没有浪费时间，反而还节省了一些时间。主要就是因为有了计划之后，写起来很顺畅，不会改来改去。尤其对于纸质考试来说，手写本来改起来就没有电脑方便，有时候我写完一句话之后发现需要在前面加一句话，我就得用橡皮擦掉这句重写，不然就得划一个添加的符号然后把加的那句话用很小的字写在原来那句话的上面，卷面看起来很不整洁。

我一直希望自己能教雅思写作，在我的写作考到 7 分之后我开始备课，形成自己的教学体系。

在备课过程中，我尽量找到了之前我用英文写过的文章，大部分都是论文和教学反思，然后我又写了很多曾经考过的雅思写作题目并反复修改。我总结自己犯过的每一个错误，回忆为什么我当时会那样写，后来又是怎么意识到错误的，并且思考如果学生和我犯相似的错误，我怎么帮他们纠正，避免之后再犯。虽然论文、教学反思和雅思写作的结构、内容都不一样，但是依然可以找到很多可能出现问题的地方。我只带目前写作分数在 6 分或以下且目标分数小于等于 7 分的学生，这些学生犯的错误很多都是我曾经的弱点。我的学生只要是曾经接触过雅思的，我都会让他们在第一次上课之前先给我两篇他们写过的作文，在我分析他们的问题在哪之后再安排授课的具体内容。除了语言方面，很多考生在写雅思作文的时候会发生就算用中文也想不出观点的情况，所以对于这类学生，我还要帮助他们打开思路。

其实英文写作的逻辑是可以从小培养的。我有个同学，她家小朋友三年级，写过一篇呼吁大家注意卫生防止病毒传播的作文。我同学让我帮忙给修改一下，改的时候我发现小朋友在写作中的逻辑问题和有些雅思考生很像。如果让小朋友从学习英语的时候就理解英文写作的逻辑，那等他们年龄大一点之后不管是要考雅思，还是阅读英文文献，都会更轻松一点。经过同学的允许我把这篇文章部分语句的修改过程分享出来，供家长辅导小朋友的时候参考。

小朋友写了这样一段话“We need to ventilate and wash hands frequently, wear masks before going out. When we get home, we should take off the masks and clothes. We should not put our clothes on the bed or sofa, we should put them in the closet. Wash hands carefully. If we don’t wash our hands, we should not touch our eyes, noses or mouth. We should try to stay at home and operate air purifier.”尽管这段内容有一些问题，但是我非常惊讶现在的小朋友的词汇量，像“ventilate”、“frequently”、“operate”，我上大学的时候可能还不会用呢。整体来看，这段的第一句提到了三件事，分别是通风、洗手和戴口罩。从第二句开始把这三件事逐件展开的时候，顺序又变成了口罩、洗手和空气净化，这样在逻辑上就有点混乱了。我当时建议小朋友按照本段第一句的顺序把开空气净化器的事放到最前面，和通风对应起来，然后讲洗手的事，最后讲口罩。当然如果想保留后面展开的内容的顺序，也可以对应改第一句话。

然后咱们再具体看看每句话有什么地方可以修改一下。小朋友写的“we need to ventilate”我建议改成“We need to ventilate our rooms”，因为“ventilate”是及物动词，所以通常我们会说“ventilate”什么，比如“ventilate the room”或者“ventilate the building”。“Wear masks before going out”这句话看上去没什么问题，但是“wear”的“戴”表示的是戴的状态，而在这句话的语境里，小朋友其实想强调的是出门之前“戴”口罩的这个动作，所以用“put on masks”更准确。另外还有一个不能忽视的小问题，就是在“put on masks”的前面需要加上一个“and”。“Wash hands carefully”这种以动词开头的句子放在正式的作文里有点突兀，我的建议是把这句话和后面那句合并在一起，而且因为小朋友基本上都用的是“we should”这种结构，所以在合并的时候我也使用了同样的结构“We should wash our hands before touching our eyes, nose and mouth.”最后这个“operate air purifier”也有问题，首先“air purifier”前面少了冠词，其次对于空气净化器这样的家用电器，我们也谈不到需要“operate”，用“turn on”就可以了。另外“待在家”按照我的习惯会用“stay home”，不过“stay at home”也没问题。最后这句话被我修改为“We should try to stay (at) home and turn on the air purifier.”

这段话虽然只有 70 多个词，但是我觉得里面需要注意的问题很有借鉴的意义。单数可数名词前面忘了加冠词，及物动词后面没有物，误用某些翻译成中文是一样的但是英文里强调的内容不同的词（戴：wear 和 put on），中式思维表达方式，语言使用不够正式，逻辑不连贯，这些问题也都是影响雅思考生在写作部分获得高分的障碍。这也是为什么我越来越关注年龄小的英语学习者的原因之一，从小把基础打牢固，之后学英语就会越来越得心应手。有些错误如果小时候不纠正，将错误的用法形成习惯，以后再想纠正会更困难。不过我还是想感叹一下现在的小朋友英语能力真的很强，虽然是三年级，但三年级的时候我还没接触过英语。就算是大学的时候，我都不可能在写作的时候主动使用“ventilate”这样的词汇。

理无专在，学无止境

每当有人让我用几个简单的英文单词来描述自己的时候，我都会毫不犹豫地回答“a lifelong learner（终身学习者）”。作为一个终身学习（lifelong learning）的推崇者，我尽量督促自己做到《论语》中的“吾日三省吾身”，尤其是第三省“传不习乎”。不管我读了什么书或者论文，在教学中发现了学生的什么问题，还是在刷手机的时候获得了什么学英语的灵感，我都会在睡前把这些问题或灵感在脑子里系统地梳理一遍，有些重要的内容我会写下来。我觉得大学时期、甚至硕士研究生阶段的学习不仅不是学习的终点，反而应该是终身学习的起点，这些阶段的学习经历为我们未来的终身学习准备了必要的认知能力以及元认知能力（*metacognition*，元认知其实就是对认知能力的认知，对自己思考过程进行思考的能力），让我们能自己总结学习的规律和策略，并且在以后的学习中不断实践和调整。

从一节电影课上想到的

我在“OISE”选过一门课叫 *Cinema and Historical Literacy*，“film literacy”作为“multiliteracies”的一种，可以让语言教师通过分析电影里的故事情节来反思教育领域中的问题。在某一周我们看的电影是由 Jan Troell（扬·特洛尔）导演的 *The Emigrants*（《大移民》）和 *The New Land*（《新大陆》），这两部电影主要讲了 19 世纪中期三组瑞典农民家庭离开瑞典到美国中部定居的故事。教授让我们分析了这几个家庭决定移民美国的“推拉因素”（*push* and *pull* factors），在这部电影描述的背景下，所谓“推力”因素指的是促使这三个家庭离开瑞典的因素，而“拉力”因素指的是吸引他们移居到美国的因素。其中比较主要的推力因素就是瑞典在那个时期的人口快速增长，伴随着这种增长随之而来的就是肥沃田地的短缺。三个家庭之一的 Karl Oskar 非常勤勉努力，但他家的耕地依然很贫瘠，这是瑞典南部耕地的特点（Sterritt, 2018）。此外，Karl 家乡的天气阴晴不定，他家的谷仓在一次雷暴中被烧毁了。这种恶劣的自然环境导致每年收成都不好，越来越加剧了当地的食物短缺情况。当 Karl 了解到北美有肥沃的土地资源，那的农民可以靠农耕过上很好的生活的时候，他有了移民美国的想法，这是一个拉力因素。一开始 Karl 的妻子 Kristina 是强烈反对移民的，但是在他们的大女儿 Anna 夭折（Anna 在饿了很久之后快速喝了大量的粥）之后，Kristina 改变了主意。值得一提的是，不管是 Karl 想要移民的愿望还是 Kristina 一开始对移民的抗拒，本质上都是出于他们对孩子的爱和责任感（Seller, 1994）。Karl 觉得孩子们长大之后一定会感激父母今天的决定，他不愿意孩子们将来面对他此刻正在面对的困境；但 Kristina 对未知的前路心怀恐惧，她怕在跨越大洋的一路艰险中失去他们的孩子。

Karl 在甲板上遇到了一对老夫妻，他们是去投奔已经在明尼苏达生活的儿子。Karl 和 Kristina 和很多像他们一样的瑞典家庭也都是这样追随着先驱者的足迹来到新大陆，这也是一个拉力因素。在 *The New Land* 这部电影中，Karl 的弟弟 Oskar 读到了关于美国的宣传，因此观众们也知道了那时候美国很多城市的工厂都在招工。这里面其实暗含了一个拉力因素，就是在那个时期美国制造业、建筑业、矿业和铁路建设的蓬勃发展导致劳动力资源短缺（Nordstjernan, 2014）。

看完这两部电影之后，我从一个语言教育工作者的角度反思了阻碍移民者融入新社会的语言方面的因素。比如和 Karl 一家一起来到美国的 Robert，他在船上一直拿一本英语教材学习，但是他到达美国之前并没有和说英语的人真正交流过，所以他到达美国后还是不能正常和当地人交流。这其实是在提示语言教师在教学过程中应该创造机会让学生使用目标语言来做有意义的交流（Cummins, 1989），这对于学生提高语言能力有着至关重要的作用。我还记得电影里有一个 Karl 的孩子帮他翻译文件的情节，我忘了具体是什么文件了，反正是从英语翻译为瑞典语。这种情况在移民家庭中很普遍，很多移民家庭的家长英语水平有限，所以如何在孩子的语言学习过程中增加父母的参与度是一个非常值得探讨的问题。另外我注意到电影中的角色在说英语时候的发音受到他们母语的影响很大，所以作为语言教师应该对比学生的母语和他们的目标语言，发现哪些方面会对语言学习有负面影响，并设计相应的教学活动去帮助学生克服。

Karl 去世之后，他的一个朋友给 Karl 远在瑞典的姐姐写信告知 Karl 去世的消息，这位朋友提到，Karl 的孩子现在只能用英文写作。从语言教育工作者的角度，我觉得导演用这样的细节是想让我们思考当人们移民到其他国家之后，他们是否应该抛弃所有的传统去融入这个新环境。我想到了英语国家的语言政策（language policies）在这些年的改变：从

English-only 到 *plurilingualism*（多语制），这显示了政策的制定者和教育者越来越重视不同的语言实践，也越来越认识到非母语使用者掌握的语言资源对他们目标语言学习的价值（García, 2009），这都是我在看完电影之后思考的问题。

我举这个例子是想说明，学习的途径有很多，坐在教室里上课只是学习途径中的一种。读书、看学习视频、使用手机学习软件等都能学到很多知识；看电影、追剧、旅行和良师益友交谈在我看来也都是重要的学习方式。但是单纯的上课、读书、交谈却不一定是真正的学习，学习的实现是把知识从书本里和从别人身上学到自己手里。而在这个过程中，我们需要不断反思，比如我在看电影的时候就把电影中的情节和我自己的教学实践以及我学过的教育理论联系起来，有困惑的地方就去找答案，去看学者和其他同行有没有研究过类似的问题；找不到现成的答案，那就在自己的教学实践中探索，再用科学的方法验证我的解决方案。学习过程中很重要的一个环节就是内化（internalization），只有自己真的会运用新学到的知识去解决生活中的实际问题，才算是完成了学习的过程，才能称得上是真正的学习。

我从学生身上学到的

我对终身学习重要性的认识，有一个重要影响因素就是我的学生们。我数不清过去的十年间我教过多少学生，很多学生的名字我也记不得了。说到这我真的很佩服我的老师们，初中、高中毕业二十多年，每次回到学校，我的老师们都能立刻叫出我的名字。中学的老师每年教这么多班，每个班有这么多学生，过了这么多年，竟然还能记得住那么多学生的名字，我觉得太神奇了。不过虽然我记不住所有学生的名字，但他们每个人都在我的教学活动中留下了痕迹。我每一次对课程设计和教学活动进行改进，其实都是因为看到了学生们的不同需求。教的学生越多，对他们越了解，我就越能把课程体系设置得更适应每一位学生的具体情况，也就是我们常说的“responsive teaching”（回应式教学）。

我教过的学生当中很多人都在高中、大学阶段有着比我当时强很多的英语能力，所以只要找到适合他们的学习方法，在培训结束后获得一个满意的分数对他们来说并不是问题。更多的时候我其实都在考虑如何帮助他们培养一个良好的学习习惯，或者是帮助他们战胜对英语学习这件事的恐惧。同时，他们对待英语的学习态度和他们经常使用的学习材料也在持续启发和激励我，让我不断地对语言学习的过程和英语教师这个职业形成新的认识。

我曾经教过一个备考托福的学生，在国际高中读高一。她的词汇量非常大，我估计能达到 15 000 左右，托福和 SAT（Scholastic Aptitude Test）试题里的单词我就没见她有不认识的。而且她对单词的“认识”并不是简单地停留在知道单词的中文翻译，而是知道这些单词该怎么用，甚至知道单词的来源。这个学生不仅英语好，知识面也非常广，托福里的艺术类场景，她都能分析得头头是道。周末她经常上完托福课又去学跳舞、弹钢琴。说实话每次给这个学生上课我都挺紧张的，很怕被学生问住，但这也激励着我不断扩充自己的知识库。尽管我会尽量把课备得充分，有的时候还是难免会回答不上来学生的问题，现在学生的知识面真的太宽了。这种情况下我会坦诚地告诉学生这个问题我确实不知道如何回答，但是课后我会去查资料，你也要去查，下次上课的时候咱们一起讨论，并且感谢学生找到了我的知识盲区。我觉得当老师的人真的很容易推崇终身学习，其中一个原因就是会经常接触优秀的学生，这些学生会不断地激发我们对新知识的渴望。

我曾经在微信群里带领备考雅思的学生学习打卡，每天给他们讲雅思高频场景词汇和背景知识，学生们会根据我讲的知识点整理笔记，然后拍照发在群里，我再根据大家的笔记进一步补充或者给反馈。很多学生是用传统的方式把笔记写在本上，有的会用不同颜色的笔标注考点，跟我自己记笔记的习惯差不多。但是有的学生记笔记的方法我觉得非常厉害，他们用软件把单词按场景画出思维导图，这样复习的时候一眼就能看出考点之间的关系和词汇之间的紧密程度，并且直接就能从图上看出上下义词的关系。这样作图还方便随时修改和添加，效果非常美观，看着就觉得赏心悦目。我在读书和写论文的时候也喜欢画思维导图，但是我是用笔在纸上画，用软件画我就不擅长了，所以我也一直在向学生们学习熟悉了好几款画思维导图的软件。

除了笔记的形式之外，很多学生都会在笔记里扩展一些内容，这些内容代表着他们对于某个场景的理解，结合他们自己的生活经验，有些是我在梳理场景的时候忽略的部分。这就是讨论和分享的意义，每个人都把自己能想到的内容分享给这个学习群体。这是很重要的，我们需要从课堂上学习、从书本上学习，我们也需要向身边的小伙伴学习。比如有一次我们梳理和图书馆话题有关的词汇与背景知识的时候，我给大家讲了办借书证需要的证件、图书馆的分区、各种文献的类型、借阅程序等。有一个学生在整理笔记的时候补充了“call skip”（索书单）这个词组，我已经很久没有接触过这个词组了，所以几乎忘了这件事。“Call slip”一般比即时贴大一点，借阅者需要在上面填写想借阅的图书或者期刊的有关信息，比如“call number”“author”“title”，还要填自己的基本信息。填好之后交给工作人员，工作人员把书交给借阅者，借阅者还书的时候需要到当时借走书的柜台。图书馆里闭架阅览区的图书，是需要通过“call slip”来借阅的。在梳理旅游场景的时候学生帮我补充了“itinerary”（旅程）这个词，大家在订完机票的时候都会收到一份“travel itinerary”，上面有航班号、起飞时间和降落时间之类的信息。公司给出差员工的“itinerary”会更详细一些，除了航班信息之外一般还会有机场接送信息，酒店和会议安排等。我和学生们一起把每个场景补充得越来越完整，因为我们能想到的知识点越多，学生对考试和未来的留学生活就会准备得越充分。

和紧张焦虑和平共处

经常有学生跟我说，考试的时候特别紧张，问我怎么办，我一般就回答“那就紧张着考呗”。我之所以不劝学生不紧张是因为我考了那么多次雅思，在我当老师之后我考雅思已经完全没有分数的压力了，我也知道我自己能考到什么分数，但是我依然会紧张，尤其是考口语坐在教室门口等着考官出来叫我的时候。其实每次在考场里和考官聊得都挺愉快的，几乎每次考官说考试已经结束的时候我都觉得还没聊够呢，但是下一次坐在考场门口的时候还是会莫名紧张。说实话我都不知道我在紧张什么，但是我控制不了就是会紧张的情绪，紧张的情绪并不明显但是能清楚地感觉到和在家里练习的时候不一样。甚至是我在加拿大的时候，每天都在日常生活和工作中使用英语的情况下，当我坐在口语考场的门口，紧张的心情也是和以前一样。心理学家认为人有紧张的情绪是正常的，所以我不会要求自己去克服这种情绪，会试着接受这种情绪并且在这样的情绪下完成我该完成的事情。我觉得适度的紧张是非常合适考试的状态，太放松了精神就不会高度集中，这也是我自己觉得听力做全对比阅读难的原因，听力真的是稍微不注意就走一下神，一道题就过去了。但是阅读因为我做得快，考试时间很富裕，所以走神一会也没关系。我允许自己紧张，允许自己走神，我觉得这是正常的。

崇尚终身学习的人都有一个特点，就是从来不认为年龄是学习的障碍。我有时候也会因为现在的学习效率不如前几年而有一点焦虑，但我也觉得这是正常的情绪。我从不刻意追求克服焦虑情绪，既然效率低那就多花点时间，原来一周能完成的任务现在给自己两周时间去完成。任务完成了，焦虑的情绪自然就缓解了。很多年前我经常逛留学论坛的时候总看到有人提问“某个年龄出国留学晚不晚”之类的问题，也经常听到别人说“什么年龄就该做什么年龄的事”，言外之意就是工作之后就应该专心于升职加薪、结婚生子。我能理解持有这样观点的人的逻辑，但我也有一个问题想问持有“什么年龄就该做什么年龄的事”观点的朋友们：学习应该是什么年龄做的事呢？学习是一件在任何年龄都应该做的事，所以我们才称其为终身学习。我们进入职场，学着做好自己的本职工作，也学着和同事合作共同完成工作目标；我们结婚生子，学着做好伴侣、父母的角色，也学着在工作和家庭生活中取舍和平衡。所以无论如何，我们都需要一直学习，不然就一定会在工作和家庭生活中感到力不从心。

根据我自己的经验，年轻的时候读书确实有很多优势。最直观的就是体力好，熬几个夜读书只要之后休息一下就能缓过来。当然熬夜是不健康的，我并不鼓励，但是有时候课业负担重自己没完成的时候也只能靠熬夜来补一下。我是稍微有一点拖延症的，但不严重，我读研究生的时候交论文从来不踩着“due”，经常都是提前一两天我就把作业发给老师了，去纽约玩的那周在“due”前一小时提交可能是最晚的一次了。但是为什么我还是觉得自己有一点拖延呢，因为比如某一天我可以用八个小时完成文献的阅读和整理，那我通常会在下午到晚上的时间才会有比较高的效率。即使我早上八点就坐在图书馆，我的效率也很低。这样就导致我基本上要在夜里才能完成当天的任务，熬夜就不可避免了。年龄大了之后，熬夜会很累，第二天的精神不容易集中。就这一点来说，确实是年轻的人更适合完成任务量比较大的学习任务，因为随着年龄的增长，体力下降是自然规律。另一方面，我觉得我现在的记忆力也不如二十几岁的时候，我在二十几岁的时候完全不需要备忘录，什么事都能用脑子记住。过了三十岁之后我开始需要备忘录，不管是记在本上还是手机上，不然可能就会忘记。有的时候甚至发生已经把要做的事记下来了，但是忘了看备忘录，所以还是把要办的事忘了的情况。不过就学习能力来说，我觉得现在反而比十多年前有所提高，尤其是随着不断获取新知识和反复思考的过程，我能感觉到我的理解能力一直在提升，知识体系也在不断完善，简言之就是更会学习了吧。

如果学习的过程不能给一个人带来成就感和愉悦感，那这个人是很难做到终身学习的，所以找到学习的乐趣很重要。我经常和学生说，学习应该是一件快乐的事，如果你觉得不快乐，那只能说明你现在使用的学习方法不适合自己。曾经的我也觉得学英语很痛苦，但是现在我觉得学英语和研究英语教学都是充满乐趣的事。

崇尚终身学习的人都非常在乎学习过程本身带来的成就感和愉悦感，这种成就感不是一张学位证能代表的。有人问我为什么要读那么多个学位的时候我常用买包来做类比，比如你有一个大手提包（tote），你可能还想买一个挎包（cross-body），你可能还想买一个手包（clutch），还想再买一个双肩包（backpack）。我不爱买包，我常用的就是一个能装得下笔记本电脑的双肩包，还有一个坐飞机的时候使用频率非常高的小斜挎包，是我好朋友熙熙送的，刚好放得下护照、手机和几张卡。有时候我也用口红来打比方，你有一支YSL，你可能还想拥有一支TF，还想再拥有一支CL。虽然我也不爱买口红，但是牌子还是知道一些。我的口红基本上也是好朋友送的，她们送我哪个牌子我就用哪个牌子，只要保证手里永远有一支保质期内的口红就够了。我只有两个常用的包和一支保质期内的口红，但我读了三个硕士学位。这些学位属于不同的领域，或者同一领域的不同方向，就好比你已经拥有一个黑色的某品牌挎包，可能还会再买一个其他颜色的，或者其他品牌的背包或者手包；你已经拥有了某品牌的口红，你可能也会想再买其他品牌和色号的口红。我学习的成就感和愉悦感也并不来自于，或者说只有很少的一部分来自于获得学位本身，更多的其实是来自于努力学习的过程。在这个过程中我读到的书、走过的路、遇见的人都是收获。每一段学习经历都让我成长，让我更了解我的学生，也让我更了解自己，更了解教育的意义。

现在的我，英语怎么样

我可以用不同的语言评估体系来描述我的英语成绩。虽然我没有天赋，但是科学的学习方法，让我看到了进步。

我在英国和加拿大拿到了三个不同专业的硕士学位，在加拿大的西安大略大学修过的所有课程的成绩最低 90 分（满分 100），毕业项目 94 分。与此同时，我完成了加拿大教育学院提供的 TESOL 课程并获得了 TESOL 教师资格证。在多伦多大学我一共修了 10 门课，其中五门课成绩为 A，另外五门课成绩为 A+。我和学术小伙伴池晨凯合作为 *The Elements of Teaching*（Banner & Cannon, 2017）写的书评，发表在加拿大的教育学期刊 *Journal of Canadian Education* 上。在成为雅思教师的十多年以来，我定期参加考试，总分稳定在 8.0，阅读基本都是满分 9.0。

其实逆袭的证据还有很多，我只是列出了一些有证书、有成绩单、有“一目了然”成果的部分。证据的前几项我确实挺骄傲的，但是雅思 8.0 这一项，了解的小伙伴们一看就知道，这分数对一个教雅思的老师来说着实算不上高，8.0 其实就是一个成为雅思教师的门槛分数。我觉得标准化考试的成绩不能完全代表我的英语水平，这倒也不是为自己作为一个雅思老师没考到总分 8.5 开脱，但是从证据的前几项来看，我觉得我的水平肯定不止 8.0。但是话又说回来，参考曾经的英语基础，我对这个成绩是满意的，而且未来我再参加考试成绩还有提高的空间。

不过不瞒大家说，直到现在我的英语也不能说有多么的好，这句话绝对不是凡尔赛。这条逆袭之路我走了十几年，一步一步有了现在的成绩，这充分说明了我没有什么学习英语的天赋。我身边从同学到同事还有学生们，英语好的实在太多了，很多人掌握英语都像母语一样不仅能熟练使用，而且能将东西方文化融会贯通，我的同事中就有不少雅思总分8.5获得者。这其实说明我在英语的应用和应试方面依然比不了那些有英语学习天赋，从小英语基础就好的人。但我觉得我的经历很励志，因为它说明即使是没有英语学习的天赋的人，通过努力也能获得巨大的进步，取得不错的成绩。现在我依然不觉得英语是我最大的优势，但至少它已经绝对不是，且永远不可能再成为我的短板了。从教学的角度来说，不靠天赋靠逆袭其实对我是一种优势，因为我非常能够理解学生犯错的逻辑。我特别喜欢看着学生做听力题，有时候他们在录音某个位置一抬笔，我就知道他们即将掉进哪个陷阱里，因为曾经的我，各种陷阱都掉进去过。

从考试的角度来说，我的听力和阅读的分数始终高于写作和口语的分数。从实际应用的角度来说，我在写作和口语两方面存在的问题不太一样。在非考试状态下，因为可以反复检查修改，所以我写出的文章质量比较高。但是在考试状态下，因为有时间限制，我不能充分地组织观点和修改词句，所以到目前为止，我的雅思写作单项成绩只有7.0。我的雅思口语分数虽然比写作好一些，但是我自认为还是有很多问题。一方面是我平时说英语的时候经常出现语法错误，很多情况下是话刚说出口我就知道错了，但是为了交流的顺畅，不可能在说话的时候不断地停下来修改，所以只能就让错误就这么过去了。另外我觉得我的中式口音还挺重的，但有口音也不需要自卑。但是有的单词如果我发音不是那么准确，影响交流，那就需要改正了。当对方语速过快的时候，我需要通过猜测或者反复提问来确认对方在说什么。很多时候我听不懂英语的笑话，没有字幕的电影做不到像听中文一样每个字都听得清清楚楚，有英文字幕的电影也会发生眼睛跟不上字幕的情况。所谓的“逆袭”指的是我现在可以在雅思这类标准化考试中获得不错的分数，可以使用英语和母语为各种语言的人顺利地完成交流，可以在英语授课的课堂上自信地参与讨论、做“presentation”，可以快速阅读英文文献，也可以写出高质量的英文论文。和在语言考试中获得高分相比，我觉得实际生活中应用语言的能力更为重要。在我看来，学习一门语言最主要的目的就是在需要使用它的时候可以得心应手地使用它，比如买菜、问路、看新闻、追剧、高质量完成学习、工作内容等，当然也包括在需要考试的时候考出一个满意的分数。

作为一个非英语专业出身且英语一直是弱项的学习者，我对我现在的英语水平非常满意，当然我也知道我依然还有很大的进步空间。对于现在的学生来说，获得一个满意的雅思分数一点都不难，一些从小英语基础就好的学生在中学阶段就可以做到这件事，比如很多学生在高中毕业的时候就已经拿到了世界各国名校的录取通知书。所以单从英语这门学科来看，我觉得我英语基础的薄弱并没有完全补回来，或者说我的英语基础现在依然不像那些从小英语就学得很好的同学和同事们那么扎实。但我不是单纯从课本上学英语，我是在生活和工作中学，又在生活和工作中用。从应试的角度来说我有非常丰富的经验，从应用的角度来说我也有非常丰富的经历，可以应对很多真实生活场景。

我写这本书很重要的一个原因就是我想把我这些年学英语和教英语的经验分享给有需要的读者，同时也对自己从事英语教学工作十几年的心得体会进行一个小结。我从2010年到现在确实教过不少学生，但是教课的影响力毕竟是有限的。我希望我的经验，不管是英语不好的时候令人沮丧的经验，还是作为一个逆袭了的英语学习者的成功经验；不管是作为一个英语教师一线的教学经验，还是作为一个语言教育研究工作者的教研经验，都尽可能地在大家的英语学习过程中帮一点小忙，提供一点参考。十年，在我看来是一个重要的“milestone”（重要的时间点），像我这种每天不管是自己作为学生上完课还是作为老师给学生上完课都习惯反思的人来说，在十年的这个时间节点上更应该有一次深刻的思考和沉淀。我常对学生说的一句话是“我在你这个年龄的时候，英语比你差多了。”我相信更多的读完这本书的读者在中学、大学阶段都有着比我当时好得多的英语基础。不管你们是否在准备雅思、托福考试或者出国留学，如果你们曾经或正在纠结于考试分数的提高，英语基础能力的提高，在实际生活中使用英语的能力的提高，希望这本书能给你们增加一点信心和努力的动力。还有一点我想强调是——年龄绝对不是学习语言的障碍。我不是说年龄对语言学习没有影响，年龄是影响语言学习很重要的因素之一。但是每个人在任何年龄都可以开始学习或者继续学习一门外语。我想分享给大家的经验是：语言学习需要总结规律，需要科学的方法，也需要持之以恒的毅力。我始终认为任何科目的学习，包括学习语言都有捷径，只是这条捷径可能和很多人想象中的不太一样。对于学习来说，最大的捷径其实就是脚踏实地持之以恒。我在上文提过的所有学习方法，坚持一天两天都是很容易做到的，但是要一直坚持下去才能看到效果。

对于已经从学校毕业开始工作的人，坚持学习不是一件容易的事，因为“坚持”这件事本身就不是一件容易的事，坚持是需要毅力的。很多人对于终身学习的益处坚信不疑，但是具体到自己身上，又觉得无法坚持。这和我健身的情况很像，我了解健身的好处，也从心底坚信我应该坚持健身，我身边的人也一直在跟我说要坚持健身，但我总是坚持一阵就放弃了。虽然过一阵可能又有个什么由头让我重新开始健身，但一样也坚持不了很久。

说说我健身的经验吧，2020年因为远程办公每天我的运动量就是从卧室走到客厅，再加上又吃了很多零食，导致我在三四个月里胖了将近20斤，连我妈都看不下去了。当然胖了二十斤的我也不能算非常胖，但是我的体重已经达到我这个身高健康体重的边缘，重要的是我之前从来没有这么胖过。一般来说，家长对于自己孩子的体重都是非常宽容的，至少我们家是。以前我也闹过很多次减肥的事，但是我妈总是说“一点都不胖，不要减肥。”不过这次就不同了，有一天我和我妈对坐在餐桌前吃饭，我妈忽然盯着我看，然后严肃地说“你是不是应该控制一下体重了。”我一下就意识到了这件事的严重性，我肯定是胖到“令人发指”的地步了。

转过天来我就开始减肥了，我把主食从米和面换成了玉米、红薯、山药，并且戒掉了一切零食，然后打开了“Keep”开始健身。在接下来的一个月里，我坚持每天运动将近两小时，其中包括热身运动、两次“HIIT”跳绳、慢跑40分钟和一套瑜伽。减肥期间我从不称体重，直到一个月之后不管是我自己还是身边的人都已经能明显看出来我瘦了一些的时候我才称了体重，发现减掉了10斤。那时候我妈已经觉得我不需要再继续减了，我也觉得能接受当时的体重，所以我就打算每天运动半小时到40分钟，坚持下去。但是没有减肥的压力之后我就坚持得不好了，有时候我会运动，有时候连着很多天一项运动都没有。

我不热爱健身，我不是发自内心地享受健身的乐趣，所以我只有在我认为自己必须健身的时候才能坚持。我看过“21天法则”这个说法，就是通过坚持21天重复某种行为来养成一个习惯。我不能说这个法则不准，因为对于有些人来说，某些习惯的养成可能坚持21天就见效了。但是就健身这件事，具体到我自己身上，21天完全不足以让我养成习惯。不需要减肥的时候，我健身的动力是“Keep”里各种可以收获奖牌的活动。我几乎不收集实体奖牌，除非特别喜欢，大部分时候我都是只收集电子奖牌和电子证书。我会报名一些可以获得奖牌的活动，基本都是跑步，当然参与其他锻炼活动也可以收获一些常规的等级奖章。在活动期间我就会进行相应的运动，哪怕是我当天不想锻炼，我也基本能做到为了拿到奖牌把活动做完。

所以我想终身学习这件事，或者具体到语言学习这件事对于有些人来说可能就像健身之于我，不是那么发自内心热爱，但是因为了解这件事对自己有切实的益处所以想坚持。我的建议是：如果你想尽量坚持，那就给自己设置一些小奖励，像“Keep”的奖牌一样。

比如背完几个单元的单词就去吃一顿大餐，或者做完一本练习就给自己买一件喜欢的东西之类。如果某一天实在太累了不想学习，那就不学，但是不要连续休息太多天，越休息就越不想学。我健身的时候就是这样的，如果我好多天不跑步不跳绳，再恢复运动的时候腿肯定是要疼几天的。如果工作太累，或者生活中有很多事需要处理，那就少读几页书，少背几个单词，哪怕只花五分钟的时间学习，时间长了也会有不错的积累。我现在特别不想运动的时候，就跳 10 分钟的绳或者做几分钟的瑜伽。

安妮·拉莫特之所以给她的书起名为 *Bird by Bird*，是因为很多年前，她的哥哥要完成一篇关于鸟类的报告，但是马上就要到交作业的日期了，她哥哥还没开始动笔，很着急。这时候安妮的爸爸说，一只鸟接着一只鸟，按部就班地写就可以了（Bird by bird, buddy. Just take it bird by bird. [p. 19]）。我很喜欢这个书名，也很喜欢这样简单的道理。我在家的时候，这本书一直放在我的书桌上，我出远门的时候，这本书一定在我的行李箱里。曾经有一段时间，每当我在电脑上打开一个空白的文档准备写论文的时候，总会想着“这篇论文要写几千字”“那篇论文要写一万字”，然后盯着空白文档一筹莫展，无从下手。现在我只要看一眼这本书的封面，就会静下心来，一个字接着一个字，一个单词接着一个单词按部就班地写，然后就会发现不管文章需要写多少字，其实都没有想象中那么困难。学英语也是一样，学任何科目都是一样，只要有科学的方法和按部就班的坚持，每个人都能获得不错的成绩。